TEATRO DE
JOÃO DO RIO

João do Rio. Charge de Gil (Carlos Lenoir), *As religiões do Rio* (1906).

TEATRO DE JOÃO DO RIO

Edição preparada por
ORNA MESSER LEVIN

Martins Fontes
São Paulo 2002

Copyright © 2002, Livraria Martins Fontes Editora Ltda.,
São Paulo, para a presente edição.

1ª edição
setembro de 2002

Introdução e organização
ORNA MESSER LEVIN

Preparação do original
Luzia Aparecida dos Santos
Revisão gráfica
Maysa Monção
Sandra Garcia Cortes
Produção gráfica
Geraldo Alves
Paginação
Moacir Katsumi Matsusaki
Fotolitos
Studio 3 Desenvolvimento Editorial

Dados Internacionais de Catalogação na Publicação (CIP)
(Câmara Brasileira do Livro, SP, Brasil)

Teatro de João do Rio / edição preparada por Orna Messer Levin. – São Paulo : Martins Fontes, 2002. – (Coleção dramaturgos do Brasil)

Bibliografia.
ISBN 85-336-1622-8

1. João, do Rio, 1881-1921 – Crítica e interpretação 2. Teatro brasileiro 3. Teatro brasileiro – História e crítica I. Levin, Orna Messer. II. Série.

02-4754   CDD-869.92

Índices para catálogo sistemático:
1. Peças teatrais : Literatura brasileira 869.92
2. Teatro : Literatura brasileira 869.92

Todos os direitos desta edição reservados à
Livraria Martins Fontes Editora Ltda.
Rua Conselheiro Ramalho, 330/340 01325-000 São Paulo SP Brasil
Tel. (11) 3241.3677 Fax (11) 3105.6867
e-mail: info@martinsfontes.com.br http://www.martinsfontes.com.br

COLEÇÃO "DRAMATURGOS DO BRASIL"

Vol. II – João do Rio

Esta coleção tem como finalidade colocar ao alcance do leitor a produção dramática dos principais escritores e dramaturgos brasileiros. Os volumes têm por base as edições reconhecidas como melhores por especialistas no assunto e são organizados por professores e pesquisadores no campo da literatura e dramaturgia brasileiras.

Orna Messer Levin, que preparou o presente volume, é Doutora em Teoria Literária pela Unicamp, onde é professora. Publicou, entre outros textos, o livro *As figurações do dândi: um estudo sobre a obra de João do Rio* (Campinas, Unicamp, 1996).

Coordenador da coleção: João Roberto Faria, Doutor em Letras e Livre-Docente pela Universidade de São Paulo, onde é professor de Literatura Brasileira.

ÍNDICE

Introdução: A elegância nos palcos.... IX
Cronologia XXXVII
Nota sobre a presente edição XLIII

PEÇAS DE JOÃO DO RIO

Última noite 1
Eva................................ 21
Que pena ser só ladrão!.............. 173
Encontro........................... 207
Um chá das cinco 245
A bela Madame Vargas................ 293

INTRODUÇÃO

A ELEGÂNCIA NOS PALCOS

Orna Messer Levin

Reconhecido como o mais importante cronista brasileiro da *Belle Époque*, João do Rio deixou ao leitor de nossos dias uma obra variada, pulsante e cheia de vivacidade, distribuída por um espectro amplo de modalidades que inclui crônicas, contos, reportagens, folhetins, romances e peças teatrais. Movimentou-se com desembaraço e originalidade nos diversos gêneros, procurando estabelecer uma correspondência entre a produção escrita e o ritmo acelerado das transformações vividas na capital federal nos primórdios do século XX. Com desprendimento e percepção aguda do fenômeno literário, tentou captar as inquietações e os anseios de seus contemporâneos, extraindo do cotidiano imagens sensíveis da realidade, temperadas com uma boa dose de invenção ficcional.

Sabemos que sua criatividade foi estimulada pelas circunstâncias históricas de um momento no qual o modo de vida provinciano e pacato do Império estava sendo substituído pelas campanhas e projetos de modernização dos governos republicanos. O coração político do país passava então por obras de infra-estrutura e remodelação urbanística que modificaram não só a paisagem e o traçado da cidade mas também os espaços de moradia, os hábitos e o comportamento social. Vale notar que, num processo mais lento, a instalação do capitalismo, sob a liderança de uma nova burguesia urbana, já vinha promovendo modificações profundas na nossa sociedade desde antes da Abolição. Não por acaso, portanto, a obra de João do Rio trata de perto as questões relativas à reestruturação da cidade e à interação dos habitantes com seus governantes. Nela o autor focaliza as alterações no mercado de trabalho, a implementação de um nova legislação criminal, o surgimento de agremiações esportivas, a fundação de instituições artísticas, a legalização de práticas e formas de entretenimento populares e a necessidade de expandir o sistema de controle da ordem pública.

É principalmente na crônica, gênero ligado à efemeridade dos fatos do dia-a-dia, que ecoam, como numa caixa de ressonância, as manifestações expressivas daquele momento de mudanças abruptas, quando as incógnitas multiplicavam-se nas vozes de uma população multifacetada e heterogênea, que foi reconfigurada pelos fluxos imigratórios. Num certo sentido, encontramos nestas crônicas o registro das primeiras reações de perplexidade e insatisfação do intelectual diante das evidências de exclusão social decorrentes daquele empenho civilizador e nada democrático dos dirigentes. Vem do cronista, por exemplo, a ponta de indignação com o descaso das autoridades em relação ao trabalho infantil, à mendicância nas ruas e ao direito de greve. Por extensão, vêm dele também a simpatia pela independência feminina, a defesa nacionalista da língua e os apelos para a assistência oficial aos artistas nacionais, desprotegidos diante da concorrência desleal das empresas estrangeiras. Caminhando um pouco na esteira de Artur Azevedo, seu antecessor e modelo na crônica jornalística semanal, além de dramaturgo dileto, João do Rio usou as páginas da imprensa para travar um diálogo com seu tempo. Intuitivo e perspicaz, não se esquivou do debate nem nutriu preconceitos, embora a carreira prestigiosa de jornalista, escritor e conferencista, vista em retrospecto, tenha conduzido seu trabalho a divulgar e consagrar um estilo de vida sofisticado e cosmopolita, cultivado pelos novos afortunados.

É fácil perceber que o ambiente teatral nos seus mais diversos desdobramentos exerceu um enorme fascínio sobre ele, que acompanhava as temporadas como espectador e crítico dos diários. Na cobertura das montagens dedicava, aliás, como era comum à época, longas passagens ao comentário da atuação das atrizes. Por ocasião de sua estréia na imprensa, ainda muito jovem, dissertou sobre o desempenho de Lucília Peres no papel da protagonista de *Casa de boneca*, de Ibsen[1]. Mais tarde, teve oportunidade de tecer elogios às divas nacionais e estrangeiras, dentre elas, Lucinda Simões, Adelina Abranches, Cinira Polônio, Pepa Ruiz, Clara Della Guardia, Tina de Lorenzo, Eleonora Duse e a carismática Gabrielle Réjane. O contato bem próximo com os bastidores do teatro rendia-lhe, por vezes, uma entrevista exclusiva com diretores ou empresários; outras vezes, a visita ao camarim dava pretexto a uma crônica saborosa sobre a intimidade da vida das estrelas[2].

Nosso teatro, a exemplo de todo o resto, ressentia-se da transição de mentalidade em curso na virada do século. No meio artístico, as expec-

---

1. Devemos a João Carlos Rodrigues a descoberta desta primeira crônica jornalística do autor, publicada em *A Tribuna*, do Rio de Janeiro, em 1º de junho de 1899. Ver João Carlos Rodrigues. *João do Rio, Catálogo Bibliográfico*, Rio de Janeiro: Secretaria Municipal de Cultura, Depto. Geral de Documentação e Informação Cultural, Divisão de Editoração (Coleção Biblioteca Carioca), 1994.

2. Vide crônica sobre a visita ao camarim de Réjane em Paris, em *Gazeta de Notícias*, 4 de abril de 1909, p. 1.

tativas dividiam-se entre o desejo de obter recursos para a construção e manutenção de um teatro estatal à altura dos similares europeus, e a necessidade de consolidar a vida profissional e criar, ao mesmo tempo, um repertório brasileiro sério. Contudo, sem rumo certo e sem alternativas viáveis, as companhias, com raras exceções, corriam atrás do público aderindo ao teatro ligeiro com peças musicadas de gosto popular, no gênero das revistas e operetas. Em busca de sobrevivência, num mercado fortemente disputado pelos empresários portugueses e estrangulado pelo sucesso comercial dos cinematógrafos, os profissionais brasileiros viam-se obrigados a ajustar sua carreira às preferências da platéia. Vários atores, como Cristiano de Souza, Alexandre Azevedo e Leopoldo Fróis, ascenderam a partir da atuação nas revistas. Para alguns, no entanto, conforme chamou a atenção o próprio João do Rio, não restou outra saída senão atravessar o oceano[3]. Mas, mesmo no gênero musicado, para o qual afluía uma audiência maior, o padrão de beleza e o desempenho das francesas obrigaram a uma reforma na apresentação das coristas nacionais[4]. No Teatro Carlos Gomes, a

---

3. Cf. "A solução dos transatlânticos", em *Cinematographo*, Porto, Lello & Irmão, 1909.
4. Cf. "A reforma das coristas", em *Gazeta de Notícias*, 23 de fevereiro de 1908, e *Cinematographo*, op. cit.

aclamada Cinira Polônio respondia à disputa comercial introduzindo, em 1908, o teatro por sessões, ao passo que o famoso ator e empresário Dias Braga, neste mesmo ano, recusava-se a assinar um contrato para dirigir peças com duração de três horas no Teatro da Exposição, temendo um fracasso de bilheteria[5].

Enquanto os grupos locais adaptavam-se a esta realidade competitiva, buscando fórmulas de inovar as temporadas e tornar os espetáculos mais curtos, um número grande de companhias européias atualizava a pequena parcela do público ilustrado, que freqüentava as salas onde predominava o repertório dramático e as comédias. Em questão de três, quatro meses, era possível assistir no Rio de Janeiro ou em São Paulo aos mais recentes sucessos dos palcos parisienses. Pelas mãos das musas francesas e italianas, em especial, chegavam-nos os dramas modernos de Bataille e Bernstein, como *La Marche Nupcial*, *La Femme Nue*, *Samson e Israel*. Já a comédia *O marido ideal*, de Oscar Wilde, que João do Rio tanto apreciava, recebeu uma montagem portuguesa. E para agradar as veleidades locais, as celebridades tratavam de ensaiar e re-

---

5. A respeito da cobertura jornalística à Exposição Comemorativa do Centenário de Abertura dos Portos, consultar o volume *Cinematographo*, op. cit. Sobre Dias Braga, cf. *Gazeta de Notícias*, 19 de abril de 1908.

presentar textos nacionais, a exemplo do que fez Clara Della Guardia com *A muralha*, de Coelho Neto, Tina de Lorenzo, com *O dote*, de Artur Azevedo, Suzane Després, com *Leur Âme*, de Oswald de Andrade e Guilherme de Almeida, e tantas mais. Desse modo, até o estouro da Primeira Guerra Mundial, o mundo artístico era mais globalizado do que se imagina. Os grupos profissionais seguiam um esquema de produção empresarial que atravessava continentes e movimentava investimentos grandiosos. O Brasil da *Belle Époque* integrava o circuito internacional, sendo parada obrigatória na América Latina, ainda que os cronistas começassem a dar sinais de cansaço e reclamassem da mesmice de alguns títulos, que funcionavam como carros-chefes das temporadas.

Observe-se que a crônica de João do Rio, a despeito de focalizar os assuntos teatrais propriamente ditos, parece sempre norteada por certa concepção teatral da sociedade daquele tempo. O senso de observação, que resulta em procedimentos de minúcia descritiva, ao modo do exame naturalista, ganha como aliado o uso de expedientes dramáticos. Objetos, corpos, vestimentas, gestos ou idéias, tudo pode contribuir para a noção de conjunto, a partir da qual o escritor extrai um quadro, uma cena ou uma situação. A moldura estabelecida pela voz do narrador em trânsito, como o *flâneur* buscando um flagrante, confere agilidade ao relato, que se desenvolve espontaneamente em tom de conversa descontraída.

Em alguns casos, a crônica dialogada elimina por completo o foco narrativo e o que se obtém são verdadeiras células das situações dramáticas elaboradas nas peças teatrais de maior fôlego. Lembremos, para citar dois casos, das cenas alegóricas em que uma casaca conversa com um decote vasto, um vestido afogado e um *smoking* a propósito das récitas sob a direção de Guitry, como forma de criticar a pasmaceira do ambiente cultural[6]. Ou a estratégia de colocar em conversação um chapéu e uma casaca, a fim de alertar para o desconforto que gera a moda dos elegantes nas salas de espetáculo. Quanto a isso, basta mencionar os protestos de João do Rio quando o Teatro Lucinda fechou suas portas para dar lugar a uma fábrica de chapéus[7].

Há nesta utilização constante dos expedientes do palco uma espécie de antevisão da vida burguesa como espetáculo. Talvez uma intuição que lhe tenha permitido notar o efeito negativo do reclamo sobre o mercado, na fase de transi-

---

6. Cf. "Opiniões da platéia carioca", em *Gazeta de Notícias*, 14 de julho de 1912.

7. "É o destino dos teatros que não têm atores, nem companhias, sucumbindo em meio do mambembe geral." Cf. *Gazeta de Notícias*, 25 de abril de 1909.

ção para o trabalho assalariado, e ver no cinematógrafo o símbolo da noção de um tempo mecanizado. Entretanto, de modo semelhante, os elogios à frivolidade mundana também estão calcados nesta visão, que considera a sociedade um mundo de aparências. A maneira superficial e ligeira com que delineia os retratos humanos e simula os episódios inesperados, através do diálogo filosófico, na linha dos ensaios de Oscar Wilde, acaba definindo a natureza dos vínculos que o escritor mantém com a estética finissecular. A idéia de que as personagens são máscaras que desfilam em burla poderia ser uma chave de entrada para a vanguarda literária. No entanto, a voz narrativa que no teatro vem diretamente explicitada pela presença do barão Belfort no papel de *raisonneur* jamais se desliga da máscara do dândi, com a qual vai tecendo a imagem do esnobismo de seus contemporâneos, uma gente que segundo ele tenta viver como espelho de Paris.

Isso explica, em parte, que as peças constituam autênticas crônicas de costumes daquela "frívola-city", tomadas pelo viés cômico, que as tiradas espirituosas, os paradoxos e jogos de palavras imprimem às falas. Trata-se de fixar uma atmosfera elevada de convivência mundana, na qual se travam diálogos entremeados de expressões em inglês, francês ou espanhol, com o intuito de submetê-la ao olhar sarcástico do dândi dos salões. É neste ambiente de sofisticação e ociosidade que a voz dele lança uma perspectiva crítica sobre os conflitos íntimos e sociais.

A dicção cômica das peças, portanto, é apenas uma fachada que encobre por meio de uma convivência social fútil e graciosa os dramas mais sérios, os quais estão invariavelmente associados ao amor. A temática do casamento herdada do realismo ganha uma abordagem mais leve, em virtude da ironia e do cinismo amoral introduzidos pela ótica do dandismo wildeano[8]. Em compensação, o sentimento amoroso irrompe de forma irremediável, como uma espécie de fatalidade, contra a qual as personagens não têm como lutar. Este realismo sentimental, de tonalidade dramática um tanto sóbria, aproxima o teatro de João do Rio de uma vertente moderna, também conhecida como teatro da paixão. O sentimento de vertigem que tortura e abate os amantes, a despeito do ambiente e da condição social, faz parte dos ingredientes da versão mais séria e psicológica do teatro de bulevar, difundido no mundo todo pela obra de Henry Bataille e Henry Bernstein[9]. Misturando pequenos

---

8. Sobre o dandismo em João do Rio, ver: Raúl Antelo, *O dândi e a especulação*, Rio de janeiro, Taurus, 1987.

9. Em trabalho recente, Eudinyr Fraga filia a obra de João do Rio à estética simbolista, decerto seguindo a

delitos próprios do gênero e aventuras sentimentais, João do Rio explorou, a seu modo, este tipo de teatro comercial e bastante lucrativo, que não chega a romper com as convenções morais. Os resultados colhidos nem sempre foram os melhores. Embora demonstre conhecimento e habilidade para o jogo cênico, ele equilibra-se no fio tênue que separa o drama psicológico do melodrama folhetinesco, pendendo, não raro, para o último.

O cronista em cena

Sem fugir à regra, nosso cronista iniciou-se na dramaturgia escrevendo uma revista em parceria com J. Brito e música de Luiz Moreira. Definida como uma revista-folia em três atos, um prólogo, seis quadros e três apoteoses, intitulou-se *Chic-Chic*, e subiu à cena no Palace Théatre, no dia 29 de dezembro de 1906. Contou com cinqüenta e sete números musicais, cenários de K. Lixto Cordeiro e Crispim do Amaral e um guarda-roupa luxuoso de propriedade da

---

opinião de Sábato Magaldi, que o inclui entre os autores crepusculares. Ver E. Fraga. *O simbolismo no teatro brasileiro*. São Paulo, Art e Tec Editora, 1992, e S. Magaldi, *Panorama do teatro brasileiro*. São Paulo, Difel, 1962.

companhia Lucinda Simões e Cristiano de Souza, para o total de duzentas pessoas que subiram ao palco. A grandiosidade do espetáculo era tamanha, que gerou dúvidas a respeito da capacidade da casa para receber o público esperado. A distribuição dos papéis principais ficou a cargo dos seguintes artistas: Brasil (Lucinda Simões), O Príncipe (Cristiano de Souza), Mephistophelina, Modista para Homens, Equitativa, O Chopp, Portugal, A Decadência Teatral, O Maxixe (Cinira Polônio), O Três Estrelas (Ferreira de Souza). O espetáculo obteve boa acolhida e chegou a ter várias apresentações, inclusive em sessão vespertina no dia de Ano-Bom, sendo transferido em seguida para o Teatro Apolo. Temos notícia de que mais tarde o cronista retomou a criação do gênero musicado nas revistas *Não é Adão* e *As ventoinhas*. Estas, infelizmente, da mesma forma que aquela primeira, perderam-se em um desses incêndios ou enchentes responsáveis pela extinção injusta de nossa memória teatral.

Das seis peças reunidas no presente volume, quatro são textos de ato único, que atendem às exigências de duração dos espetáculos duplos e triplos em voga naquele período. *Última noite*, inicialmente designada pelo nome da protagonista, Clotilde, estreou no dia 8 de março de 1907 no Teatro Recreio, do Rio de Janeiro, na montagem da companhia de Lucília Peres, que atuou no papel principal. A peça integrava o programa duplo dirigido por Ernesto Portulez, juntamente com *O dote*, de Artur Azevedo. Os papéis masculinos ficaram a cargo de Dias Braga, que fez o fazendeiro João de Barros, e Antonio Ramos, que encarnou o simplório Jorge.

Sem dúvida, nosso autor não foi muito feliz neste primeiro drama, que gira em torno do tradicional adultério da jovem esposa de um fazendeiro que monta um bote contra o amante dela. A apresentação do conflito central, exposto logo na primeira cena sem motivação evidente, de forma abrupta e pouco natural, revela as dificuldades do iniciante em armar o triângulo amoroso e em traçar o perfil psicológico das personagens. Sem qualquer sinal de espontaneidade, as falas diretas e muito secas só reforçam o traço grosseiro, quase caricatural das criaturas. Ainda assim, é possível detectar no desenvolvimento da intriga, que inclui um crime, e na exposição da paixão inesperada de Jorge pela esposa do patrão um esboço do esquema dramático que o autor parecia estar exercitando, de acordo com as limitações do ato único.

Em uma atmosfera menos realista e de feições crepusculares, o drama *Encontro* teve sua *première* junto com a simpática farsa *Que pena ser só ladrão*, no dia 4 de setembro de 1915 no

Teatro Trianon do Rio de Janeiro, ocupado pela companhia Cristiano e Ema de Souza desde sua abertura recente, em março. Uma variante em prosa da peça foi publicada no volume de contos *A mulher e os espelhos* (1919). O programa triplo de autoria de João do Rio fazia parte do festival do ator Carlos Abreu e previa também a estréia da revista *Não é Adão*, que só foi encenada dois dias depois, devido ao estado de saúde do ator Augusto Campos, titular do papel de Adão. A "triste história de amor", conforme as palavras da crítica, contou com Ema de Souza no papel de Adélia da Pinta, Helena de Castro fazendo Anica e Carlos Abreu como o personagem Carlos.

Definido pelo autor como um "ato sobre uma triste saudade", a peça põe em cena o encontro casual, em Poços de Caldas, da prostituta Adélia da Pinta com o maduro Carlos, por quem ela fora apaixonada na juventude. A separação dos jovens é relatada à medida que o resgate da memória sentimental vai se processando, motivado pela paixão que se frustrou na adolescência e que, no presente, define a distância entre a vida deles. Carlos, um profissional bem sucedido que nunca chegou a se casar; Adélia, ou Argemira de nascimento, uma mulher prostituída depois do casamento forçado pelo pai em virtude de um abuso sexual, que vive do sustento de um velho coronel, apenas mencionado.

Os componentes psicológicos, agora mais bem desenvolvidos pelo dramaturgo, justificam a atmosfera saudosa e sentimental que resgata a possibilidade do reencontro amoroso do casal, como se ambos pudessem retroceder no tempo e mudar seus destinos. A identificação processada por meio da fantasia, preservando em segredo o desejo comum, justifica a tentativa presente de aproximação. Encontramos neste texto, conforme já se demonstrou[10], os elementos do teatro de filiação simbolista, na exploração das sensações vagas e hesitantes do sonho e da memória, a fim de desenhar uma imagem lírica da vida interior, que contrasta com a dura realidade. Se, de um lado, a chama da paixão eterna faz os protagonistas ingressarem em um mundo idílico de sensibilidades emocionais, de outro, o estado decaído de Adélia e o envelhecimento físico de Carlos demarcam a precariedade da condição humana, vista com amargura e desencanto. Por isso, o desenlace não os retira da solidão em que suas almas viviam antes.

---

10. Ver Eudinyr Fraga, op. cit., Sábato Magaldi, op. cit. Marta Morais da Costa, "Duetos dramáticos em João do Rio", em *Décio de Almeida Prado, um homem de teatro*. João Roberto Faria, Vilma Arêas, Flávio Aguiar (orgs.). São Paulo, Edusp/Fapesp, 1997.

Apesar da brevidade e da contenção das ações, praticamente reduzidas a pequenos gestos e movimentos lentos, a peça avança em relação ao teatro poético e aos esquematismos dos primeiros textos de João do Rio com uma manifestação explícita do desejo sexual. A solicitação de Carlos e a troca delicada de beijos no palco trazem o sentimento lírico para o plano carnal das paixões exacerbadas. E nesse sentido, é por muito pouco, realmente, que a relação amorosa não fica à mercê dos instintos, que pairam como uma ameaça para as personagens de João do Rio.

O sainete *Que pena ser só ladrão!* foi representado por Cristiano de Souza, no papel do Gentleman, e sua esposa, Ema de Souza, no de Adriana. Inspirado em um conto de Paul Giaffari, o autor concebeu uma farsa bem-humorada sobre o flagrante transcorrido no quarto de uma pensão barata, de terceira categoria, habitada pela prostituta Adriana. Ao retornar para o quarto, já em noite alta, ela pega no pulo o elegantíssimo Gentleman furtando-lhe o dinheiro guardado na gaveta da *coiffeuse*. Parece clara a intenção do autor de contrapor o anônimo senhor bem vestido, que freqüenta o Lírico e as festas literárias, com a remediada prostituta, dependente de um gigolô. Segundo a rubrica inicial, este distinto senhor veste peitilho, casaca e chapéu claque, além de exibir maneiras finas. Não bastasse isso, vê-se que é homem de cultura, leitor de jornais e possuidor de uma filosofia própria de vida sentenciada como trunfo intelectual.

Tomada de surpresa pela invasão do quarto, Adriana mostra-se atônita. Desta vez, o encontro fortuito desencadeia um diálogo espirituoso, formulado pelas frases de efeito com as quais ele procura livrar-se do testemunho imprevisto. Como figura representativa da sociedade mundana, fala com sofisticação recostado ao divã, sorrindo gentilmente, enquanto fuma o cigarro que trouxe consigo na cigarreira, provavelmente de ouro. Na extremidade oposta da escala social, Adriana expressa poucas iniciativas. Deixa-se seduzir pelo espírito superior com que a racionalidade fria e o ceticismo irônico fazem dele um subtipo do dândi, que vive na ociosidade e desdenha do trabalho honesto.

É bom assinalar que repercutem aqui as idéias do jornalista preocupado com o dilema da profissionalização do assalariado urbano. Neste caso, a equação que iguala o gatuno profissional, responsável por pequenos delitos e golpes de malandragem, com os infratores e estelionatários não passa de um chiste, cujo alvo são os oportunistas e aventureiros da primeira República. O desmascaramento da face dupla dos elegantes é o foco desta farsa, que por um princípio ético invertido coloca lado a lado a alta sociedade, correndo como pode atrás do dinheiro, e o mundo degradado da prostituição. Mas, contrariando o que ocorre na prosa decadentista do autor, na qual o dândi se infiltra no submundo para acanalhar-se ou para fruir das sensações alheias e buscar o gozo na observação de taras e obsessões fatais, no teatro, a lógica imponderável do amor assimétrico leva a que a prostituta se interesse pelo cavalheiro e, ao final, lamente sua despedida. O ato como um todo diverte. Por isso, agradou o público de então, que não se sentiu agredido pelo comportamento moral do ladrão de casaca, já que ele decide, num gesto de compaixão, devolver a quantia subtraída e ainda oferece conselhos à pobre moça explorada pelo companheiro. Quanto a isso, inclusive, este mentor intelectual dos gatunos chiques lembra a aristocrática figura do barão Belfort com seu jeito superior de instruir os comparsas inexperientes a respeito das situações falsas da vida e do teatro.

A última das peças em um ato que João do Rio escreveu atendia a um pedido destinado à realização de uma récita beneficente no Teatro Municipal. *Um chá das cinco* foi montada no dia 18 de julho de 1916, ano em que a coluna de crônicas mundanas *Pall-Mall-Rio* fazia sucesso entre os leitores cariocas. O hábito inglês de tomar o chá vespertino, que já havia sido motivo de comentários e reservas por parte do cronista, define o ambiente de entretenimento social das nove cenas[11]. Inventor do estrangeirismo *five-o'clockizar*, com o qual expunha ao ridículo o esnobismo daquela importação de costumes, considerada uma verdadeira moléstia moral, ele reuniu no palco todos os itens do receituário divulgado na imprensa. Suas personagens seguem à risca os protocolos da convivência chique, que torna o compromisso social uma obrigação. Dizem-se convidadas para as recepções diárias, mesclam o português com línguas que não dominam, praticam esportes como o *lawn* tênis e o futebol, gostam das danças modernas do tipo maxixe e *one step*, têm conta no alfaiate e na modista, apreciam no Lírico a *Tosca* e a *Bohème* e cultivam a palestra amável com seus interlocutores. O drama de conversação desenrola-se em meio ao ritual fútil das diversões que congregam os elegantes nas mesas de *bridge*, nos jogos de pôquer ou nas audições poético-musicais.

Desta feita, o conflito está centrado em Pedro, que se diz apaixonado pela indecisa Irene e pede à anfitriã que interceda a seu favor. A transformação gerada pelo amor produz nele tédio e aborrecimento. Seu desinteresse pelo evento social é a contraface das pilhérias e tro-

---

11. Ver a crônica "O chá e as visitas", em *Vida vertiginosa*, Garnier, 1911, e "Elogio do esnobismo", em *A Notícia*, 26 de março de 1908, republicado em *Pall-Mall-Rio*.

cadilhos que conservam o ato na atmosfera de absoluta superficialidade e despreocupação. Em consonância com a frivolidade festiva, assenta-se a personalidade esquiva de Irene, a jovem alegre e cativante, a quem não parece importar o sofrimento angustiado do rapaz. Mas, apesar da intensidade exclamativa das confidências de Pedro, o drama amoroso não ganha densidade porque se respalda no paralelo com a poética passadista que a jovem poetisa Adriana declama em voz alta para os convidados. Resta destacar, então, o contraponto eficiente das conversas íntimas com os diálogos coletivos, cujo cruzamento empresta dinamismo e brilho às situações do palco, onde espelham, por assim dizer, a sofisticação da platéia que prestigiou o artista naquela noite de caridade.

Nas peças estruturadas em três atos podemos verificar o desenvolvimento habilidoso que o autor alcançou no enquadramento da problemática amorosa, dentro do ambiente frívolo das festas e recepções. *A bela Madame Vargas* atesta sua vocação para a dramaturgia e situa-se entre as melhores realizações do teatro da época. Escolhida para fazer parte do repertório apresentado na temporada de textos nacionais encenados no Teatro Municipal, a peça estreou no dia 22 de outubro de 1912 pela companhia oficial de Eduardo Vitorino. Os papéis mais relevantes foram encarnados por Maria Falcão, que fez Mme. Vargas, Antonio Ramos como Carlos Vilar, Álvaro Costa foi José Ferreira, Carlos Abreu atuou como o barão Belfort e Luiza de Oliveira fez D. Maria. A primeira récita foi acompanhada de forte campanha publicitária na imprensa, que se beneficiou do prestígio do autor, a esta altura, significativo. Notas esparsas anunciavam os ensaios e, à medida que a data da estréia ia se aproximando, blocos de propaganda divulgavam o elenco, davam como esgotada a venda dos ingressos e revelavam detalhes do cenário luxuoso composto pelas tapeçarias de seda, pelo mobiliário requintado de laca vermelha e pelos objetos do serviço de chá, como o enorme samovar de prata. A divulgação se intensificou com a entrevista concedida pelo autor respondendo aos boatos sobre o teor da peça, que diziam ser a *clef*.

De fato, o enredo de *A bela Madame Vargas* fundamenta-se em um crime passional ocorrido na cidade cerca de seis anos antes. Acrescente-se a isso o fato de ser característica do cronista a combinação de personagens reais com figuras fictícias, o que deu sabor e estilo pessoal aos seus escritos e, simultaneamente, levou críticos como Oscar Guanabarino a questionarem a verossimilhança de seus caracteres. Interessado em exibir o avesso das máscaras sociais, João do Rio soube compor uma galeria diversificada de tipos manejados com naturalidade e adequação. Mesmo as figuras excepcionais, como o barão Belfort, têm funcionalidade dramática e operam segundo os efeitos do palco. Prova de que o desenho das personagens preserva atualidade é a remontagem do texto pela companhia do Teatro Nacional de Comédia, em 1957, no Teatro República do Rio de Janeiro[12]. O novo tratamento enfatizou o teor melodramático do enredo, consoante com o horizonte emotivo do público das novelas radiofônicas de sucesso naquele momento.

A ação da peça passa-se na mansão de Mme. Vargas, uma viúva endividada que luta contra a perspectiva de perder seu *status*, oferecendo recepções aos amigos, e descobre a solução no amor sincero e ingênuo que José Ferreira nutre por ela. Ao seu lado surgem as figuras que personificam o cruzamento dos dois mundos, o alto e o baixo, apreendidos pelo olhar perspicaz do dramaturgo. D. Maria, a tia confidente, acoberta e apóia a bela anfitriã na intimidade do lar, onde, para piorar as coisas, os criados ameaçam fazer greve por falta de pagamento. Carlos, com quem ela teve uma aventura amorosa, encarna a imagem progressiva do vilão, espécie de gigolô e parasita social, que em nome do amor faz chantagens contra o casa-

---

12. Detalhes sobre a temporada encontram-se na revista *Dionysos*, n° 9, Ano VIII, dez. de 1959.

mento dela. E o providencial barão Belfort, na função de protetor e conselheiro, é a pessoa que encarna os princípios filosóficos do dândi, participando neste caso também como *raisonneur*. Assim, o conflito nevrálgico se centra na luta da bela viúva para manter sua integridade e libertar-se da mancha da aventura passada.

Nada mais legítimo e por isso a solução feliz do casamento chega através do compreensivo barão, que intervém com um truque de manga de camisa para afastar Carlos do caminho. Esse pequeno abuso das soluções mágicas do palco, trazendo alívio no desenlace, explica-se pela origem da personagem, cuja sobrecarga de funções deriva, como foi dito, da concepção estética e moral dos textos de João do Rio. Mas importa sobretudo a observação sensível da psicologia feminina disposta em um fundo mais amplo de circulação, no qual todos cometem faltas, escondem vícios e temem o escândalo. Outros abusos que tornam por vezes a peça cansativa, como o excesso de diálogos em duplas no segundo ato, são compensados pela agilidade das palestras em grupo que reanimam o último ato. E nesta orquestração de timbres misturando naturalidade, artificialismo e intelectualismo, ninguém foi melhor que João do Rio.

Sob a ótica do drama da paixão, *A bela Madame Vargas* é uma peça bem arquitetada com conflitos e imprevistos que fazem crescer a tensão na mesma proporção em que o sentimento forte de fatalidade exaspera as personagens. O triângulo amoroso erigido sobre a oposição de caráter das personagens masculinas reforça a sensação de fragilidade vertiginosa vivida pela heroína. Uma das passagens mais ousadas do autor acentua a voracidade dos instintos da paixão a que nos referimos. Trata-se do encerramento do primeiro ato, que chocou a platéia do Municipal em 1912 com o beijo incendiado de Carlos e Mme. Vargas. Com este gesto de desejo impulsivo o autor inscreveu com autenticidade as paixões no registro psicológico irracional, que desconhece oportunidades e convenções. Pena que não o tenha levado ao extremo. A paixão neste particular era determinada pelo imperativo de garantir um futuro sem dívidas para a viúva.

Com *Eva* a heroína feminina ganhou contornos misteriosos, e a paixão que consome o honesto engenheiro Jorge passa por uma prova de amor. A peça foi bem recebida na estréia paulistana em 13 de julho de 1915, no Teatro Casino Antártica, onde Aura Abranches desempenhou o papel da jovem donzela. A *Gazeta de Notícias* deu cobertura ao evento publicando uma entrevista com a atriz. Tudo levava a crer que a montagem carioca seria realizada em seguida. Mas a peça só entrou em cartaz um ano depois, no Teatro Recreio, a 15 de novembro de 1916, tendo Cremilda de Oliveira no lugar da protagonista, Alexandre Azevedo no papel do galã apaixonado, Ferreira de Souza como Conde Prates, Alves da Cunha como o jornalista Godofredo de Alencar, Judith Rodrigues como Mme. Azambuja, Adelaide Coutinho como Mme. Adalgisa e Luiz Soares como o delegado de polícia.

Querendo satirizar os fazendeiros paulistas, João do Rio deslocou a temática amorosa para o ambiente rural de uma fazenda de café em Ribeirão Preto. Deu à sede colonial da fazenda uma aparência similar à dos palacetes cariocas, com o intuito de ressaltar a disposição da gente rica de viver como em Paris, com todos os benefícios da civilização industrial. A ação ocorre a propósito de um encontro promovido pelo tradicional agricultor, Souza Prates, que todos os anos reúne os amigos para uma estação de férias na fazenda. É neste ambiente campestre que os convivas buscam divertimento. São condes, ministros, diplomatas, barões e titulares exóticos que formam a galeria de figurantes da qual consta o cronista mundano Godofredo de Alencar, considerado um *alter ego* do escritor. Toda essa gente assiste à corte que Jorge faz para a linda Eva sem receber dela uma definição.

Novamente, a paixão irrompe de maneira inesperada e o rapaz se desespera diante da falta de decisão da moça, cujo nome vem simbolizar o aspecto inconstante da alma feminina. O esquema se repete igual a todas as situações dramáticas anteriores, nas quais as confissões amorosas acontecem simultaneamente ou se intercalam com os diálogos coletivos. A peculiaridade desta peça está numa segunda intriga, muito bem urdida a partir do desaparecimento de um colar de pérolas da anfitriã. A revelação do roubo levanta suspeitas sobre a retidão dos presentes e se sobrepõe à indecisão de Eva, que, aproveitando-se da situação, pede ao pretendente uma prova de amor. O temor de um escândalo social coexiste com o medo de Jorge de não ser correspondido em sua paixão, o que ressalta uma vulnerabilidade comum a todos os elegantes. A tensão se mantém até o momento em que, com o auxílio de um delegado de polícia, o roubo se esclarece. O alívio de Jorge ao saber da inocência de sua amada coloca em cena uma mescla de sentimentos, que vão do amor ao horror, passando pela repulsa a ela. Esta manipulação de emoções contrárias revela uma trama bem construída, contrabalançando certa artificialidade que atravessa a exposição das paixões. E reitera as qualidades teatrais de João do Rio, um verdadeiro retratista das máscaras e emoções da elite cosmopolita da capital na *Belle Époque*.

Lidas como um conjunto, a partir desta publicação, as peças de João do Rio desenham sobre uma tela panorâmica a crônica viva dos seres que se movimentavam no centro cultural do Brasil e o habitavam nas primeiras décadas do século XX. Suas criaturas detalhadas pelos figurinos, costumes, gestos e pensamentos são genuínos flagrantes documentais. No palco, suas narrativas históricas alcançam colorido variado e conferem consistência humana às situações que a inteligência do cronista tornou permanentes. Aquilo que seu teatro tem de imediato e de circunstancial é superado pela naturalidade da linguagem cotidiana e pelo dinamismo que as situações conservam até hoje. É um teatro sensível cuja concepção marca um período importante para a história da dramaturgia brasileira, no mínimo pelo que significou de esforços e lutas pela renovação dos palcos.

CRONOLOGIA

1881. Nasce, a 5 de agosto, no Rio de Janeiro João Paulo Alberto Coelho Barreto, filho de Florência Cristovão dos Santos e Alfredo Coelho Barreto.

1894. Freqüenta o colégio do Mosteiro de São Bento.

1896. Presta concurso no Ginásio Nacional, sendo aprovado em Letras.

1898. Morre seu irmão Bernard Guttenberg.

1899. Ingressa no jornalismo com artigo publicado em *A Tribuna*, de Alcindo Guanabara, dia 1º de junho. Em seguida, passa a escrever para *A Cidade do Rio*, de José do Patrocínio, sob o pseudônimo Claude.

1901. Colabora com os jornais *O País*, *O Dia* e *Correio Mercantil*.

1903. Inicia sua atividade como cronista na *Gazeta de Notícias*, ganhando notoriedade com o pseudônimo João do Rio.

1904. Publica em volume a série de crônicas intitulada *As religiões do Rio* (Garnier).

1905. Publica em volume a série de entrevistas intitulada *Momento literário* (Garnier).

1906. Candidata-se, pela primeira vez, à eleição da Academia Brasileira de Letras e perde para Heráclito Graça. Viaja a Poços de Caldas e lá permanece alguns meses. Estréia, a 29 de dezembro, a revista *Chic-Chic*, escrita em parceria com J. Brito.

1907. Estréia, a 8 de março, o drama em um ato intitulado *Clotilde*, mais tarde nomeado *Última noite*. Candidata-se novamente à Academia Brasileira de Letras e perde para o barão de Jaceguai. Inicia na *Gazeta de Notícias* a coluna "Cinematógrafo". Escreve semanalmente para o jornal *A Notícia*.

1908. Publica *A alma encantadora das ruas* (Garnier). Ao final do ano, realiza sua primeira viagem a Portugal, a bordo do navio *Araguaya*.

1909. Viaja pela França. Morre seu pai, a 20 de março. Publica em co-autoria com Viriato Correia o volume de contos infantis *Era uma vez...* (Francisco Alves). Publica *Cinematógrafo* (Lello & Irmão).

1910. É eleito para a vaga de Guimarães Passos na Academia Brasileira de Letras. Publica *Fa-*

dos, canções e danças de Portugal (Garnier) e *Dentro da noite* (Garnier). Embarca para a Europa, dia 30 de dezembro, a bordo do navio *Zelândia*.

1911. Visita Portugal, Espanha, França, Itália e Inglaterra. Retorna ao Brasil dia 21 de maio, a bordo do navio *Frísia*. Publica os volumes *A profissão de Jacques Pedreira*, *Psicologia urbana*, *Vida vertiginosa*, *Portugal d'agora* (Garnier).

1912. Estréia a 22 de outubro no Teatro Municipal a peça *A bela Madame Vargas*, editada a seguir pela Briguiet. Lança *Os dias passam...* (Lello & Irmão). Traduz *Intenções*, reunião de ensaios de Oscar Wilde.

1913. Eleito membro da Academia de Ciências de Lisboa e membro do Conselho Geral do Congresso Interamericano de Imprensa. Embarca a 22 de novembro para Portugal, a bordo do navio *Avon*. Viaja pela Alemanha, Turquia, Grécia, Palestina e Egito.

1915. Visita Buenos Aires. Estréia a 13 de julho, em São Paulo, a peça *Eva*, editada a seguir pela casa Villas-Boas. Profere conferências na Faculdade de Direito e no Conservatório Dramático e Musical de São Paulo. É homenageado na Vila Kyrial, de Freitas Vale. Deixa a redação da *Gazeta de Notícias*. Passa a colaborar com *O País*, na coluna "Pall-Mall-Rio", assinando com o pseudônimo José Antonio José. Escreve semanalmente para o jornal *Correio Paulistano*. Estréiam, a 6 de setembro, no Teatro Trianon, as peças *Encontro, Que pena ser só ladrão!* e dias depois a revista *Não é Adão*. Lança, em novembro, a revista binacional *Atlântida*, da qual é diretor junto com o escritor português João de Barros.

1916. Inicia sua coluna "A Semana Elegante" na *Revista da Semana*. É encenada, a 18 de julho, sua peça *Um chá das cinco*, no Teatro Municipal. Encontra-se com Isadora Duncan. Publica *Crônicas e frases de Godofredo de Alencar* (Bertrand).

1917. Publica *Pall-Mall-Rio de José Antonio José* (Villas-Boas), *Nos tempos de Venceslau* (Villas-Boas) e *Sésamo!* (Francisco Alves). Eleito presidente da recém-criada Sociedade Brasileira de Autores Teatrais (SBAT).

1918. Funda com Georgino Avelino e Azevedo Amaral o vespertino *O Rio-Jornal*, do qual se desliga no fim do ano. Lança o romance epistolar *A correspondência de uma estação de cura* (Leite Ribeiro & Maurílio). Dá sinais de estafa. Muda-se para uma casa nova construída na praia de Ipanema. Embarca para Lisboa, a 29 de dezembro, a fim de cobrir a Conferência da Paz, em Versailles.

1919. Assiste à Conferência do Armistício. Permanece durante seis meses na Europa visitando Bruxelas, Roma e Londres. Desembarca no Rio, dia 11 de agosto, depois de fazer escala em Recife, e recebe sucessivas homenagens das colônias portuguesa e italiana. Publica *A mulher e os espelhos* (Portugal-Brasil). Reúne suas reportagens nos três volumes de *Na Conferência da Paz* (Villas-Boas) e suas conferências em *Adiante!* (Bertrand).

1920. Funda com um grupo de empresários o jornal *A Pátria*, do qual era o maior acionista e diretor presidente.

1921. Publica *Ramo de loiro/Notícias em louvor* (Bertrand) e *O rosário da ilusão* (Portugal-Brasil). Morre na noite de 23 de junho, dentro do táxi que o conduzia do trabalho, na redação de *A Pátria*, para sua casa, em Ipanema. É sepultado no cemitério São João Batista, no Rio de Janeiro.

NOTA SOBRE A PRESENTE EDIÇÃO

Pela primeira vez, as peças de João do Rio são reunidas em um único volume. As fontes para o estabelecimento dos textos foram as seguintes:

Última noite, episódio dramático, Revista da Sociedade Brasileira de Autores Teatrais (SBAT), n? 321, caderno 72, maio-junho de 1961.
Que pena ser só ladrão! (três peças em um ato), Lisboa, Portugal-Brasil Sociedade Editora, s/d. Inclui também *Encontro* e *Um chá das cinco*.
A bela Madame Vargas, Rio de Janeiro, Briguiet, 1912.
——, 2ª. edição (apres. Felinto Rodrigues Neto). Rio de Janeiro, Serviço Nacional de Teatro/Ministério da Educação e Cultura, 1973.
Eva, Rio de Janeiro, Villas-Boas, 1915.

——, 2ª edição, Lisboa, Portugal-Brasil, s/d. e *Revista da Sociedade Brasileira de Autores Teatrais* (SBAT), nº 359/360, setembro e dezembro de 1967.

Para a presente edição, a ortografia foi atualizada, mas a pontuação foi mantida conforme os originais. Apenas os erros de impressão evidentes foram corrigidos.

ÚLTIMA NOITE

Episódio dramático

Representada pela 1ª. vez a
8 de março de 1907, no Teatro Recreio
Dramático, do Rio de Janeiro, em festa artística
da atriz Lucília Perez.

PERSONAGENS

Clotilde
João de Barros
Jorge

ATO ÚNICO

(*A cena representa uma sala de visitas da roça, montada com conforto. Entradas laterais. Janelas de peitoril ao fundo.*

Clotilde *nervosamente arranja umas flores. São 9 horas da noite. Entra* João de Barros, *homem de 50 anos.*)

Cena I

João *e* Clotilde

João
Tenho que te falar.

Clotilde
Parabéns pelas disposições.

João
Uma questão muito séria.

CLOTILDE
Nada mais sério. Há oito dias não me dás uma palavra.

JOÃO
(*impaciente*)
Não brinques; não brinques. Já te contei várias vezes a minha vida.

CLOTILDE
É uma das tuas fatigantes manias.

JOÃO
Ainda bem. Chamo-me João de Fonseca Barros. A minha família nunca teve uma mancha. Meus pais morreram sem vintém; eu refiz sozinho a fortuna.

CLOTILDE
(*impaciente*)
Oh! Essa história!

JOÃO
Aos cinqüenta e três anos, só, nesta fazenda, quis ter uma companheira e fui procurar-te. Vais ser minha, disse-te. Apenas, fica certa, que se um dia me traíres, mato-te a ti e ao teu amante.

CLOTILDE
Bem, e então?

João
Vives há três anos comigo. Tens tido de tudo. Eu tolero impassível as tuas crises de nervos; mas há um mês que por inteiro te transformaste. (*levanta-se*) Desde que para cá veio esse poeta, esse tal de Dr. Ernesto.

Clotilde
(*perturbada*)
Há frases inúteis como essa, que revelam desconfiança e não me atingem.

João
Há muito tempo que noto a tua indiferença e frieza com que me tratas; não estou mais disposto a continuar nesta dúvida cruel. Resolvi definitivamente acabar hoje com esta situação. Não passa de hoje, tem que ser hoje. E fica sabendo: faço o que já te disse, mato-te a ti e ao teu amante.

Clotilde
Não continues a insultar-me. Sabes muito bem que o odeio.

João
Tu o odeias? Não há motivo! Por que o odeias tu? A tua crise de nervos, o teu estado sempre irritado. Chegas a dizer que eu mando espreitar os teus passos... (*muda de tom*) Eu não mando, vejo...

CLOTILDE
Vês, vês o quê?

JOÃO
(*contendo-se*)
Há oito dias que vejo debaixo daquela janela arranhões nas pinturas, sinais de pés, pequenos buracos na caliça.

CLOTILDE
(*natural*)
Meu Deus! Gatunos! Talvez os ciganos, que andam devastando por aí.

JOÃO
Gente calçada, e que volta, tem voltado toda noite.

CLOTILDE
(*trêmula*)
Que pensas tu que seja? (*vai até à janela, abre-a*) Meu Deus, como está escuro! Mas é bem alto.

JOÃO
Dois metros e meio apenas. Mais fácil de subir; muito fácil.

CLOTILDE
É preciso fechar bem as janelas. Se fossem bandidos! (*volta da janela*)

JOÃO
Não, o caso termina esta noite.

CLOTILDE
(*sobressalto*)
Esta noite?

JOÃO
Quem quer que seja deve aparecer hoje, como de costume. Eu vou daqui para detrás da paliçada e o primeiro que tentar a escalada, mato-o.

CLOTILDE
(*indo instintivamente para a janela*)
Tu?

JOÃO
Sim, eu, eu que preciso acabar com esta dúvida horrenda que me corrói a alma, sim, eu, que quero saber, que quero ver desfeita esta atmosfera de engano e de baixeza em que vivo, eu que o vou matar, seja ele quem for.

CLOTILDE
Fazes bem.

JOÃO
É esta a tua opinião?

CLOTILDE
Pois então?

João
Mesmo, mesmo?...

Clotilde
Não me insultes antes do tempo; não insultes a tua mulher; mata quem tu quiseres, obtém a prova das provas, mata, mata mesmo um inocente.

João
Não é um inocente quem entra na casa alheia pela janela.

Clotilde
Faze o que quiseres; eu sou tua mulher, um objeto teu. Podes agir como entenderes. Mata quem for.

João
São dez horas. Saio com o Eusébio e o Antônio. Vou para a paliçada. Mandei deitar a Júlia.

Clotilde
Tu desconfias de mim!

João
Mandei-a deitar, e fechei-lhe o quarto. Aqui está a chave. Ficas só.

Clotilde
E deixas-me com o Jorge...

João

O Jorge dorme na outra ala da fazenda. E depois um homem tão respeitador.

Clotilde

Fazes bem, vai.

João
(*examinando-a*)
E fica sabendo: a minha vida resolve-se hoje. Se for quem eu penso, mato-te também.

Clotilde
(*rindo*)
Não será!... Não será.

João
(*sai examinando um revólver*)

Cena II

Clotilde

Clotilde
(*só, vai para um e para outro lado, estorce as mãos; espia pelas persianas*)
Meu Deus! Meu Deus! E ele vem, ele vem hoje, já deve estar em caminho. Minha Nossa Senhora! E sou eu que o mato! É de amor por

mim que o pobrezinho vai ser assassinado. E não poder, não poder fazer nada para o salvar... Indignos! Indignos! Matar um homem assim na sombra... Oh! o horror... Daqui a duas horas ele cairá, eu ouvirei o seu grito, eu hei de vê-lo ensangüentado, eu morrerei. Que tortura, meu Deus, que tortura... que infâmia... (*rebenta em soluços*) (*fora rebentam trovões*) E não há um meio, um prodígio que o salve!

Cena III

Clotilde *e* Jorge

Jorge
(*respeitoso*)
Oh! perdão...

Clotilde
O senhor...

Jorge
Vim dar as boas-noites ao Sr. João de Barros.

Clotilde
Assim mesmo incomoda-se.

Jorge
Sou delicado e grato às pessoas que me tratam bem.

CLOTILDE
(*levantando-se*)
Nem sempre.

JORGE
(*acompanha-a com o olhar*)
Procuro mesmo apagar as antipatias que sem querer causo.

CLOTILDE
Não se refere decerto a nenhuma pessoa desta casa onde é tratado bem demais.

JORGE
Não, minha senhora.

CLOTILDE
E onde, entretanto, estabelece intriga.

JORGE
(*calmo*)
Eu não sou um intrigante.

CLOTILDE
Oh! senhor. Quem estabeleceu a desarmonia entre mim e meu marido?

JORGE
Sabe a senhora bem que não fui eu.

CLOTILDE
(*exasperada*)
Quem foi? Quem foi?

JORGE
A senhora dá licença que eu me retire. O Sr. João de Barros não está?

CLOTILDE
O senhor sabe bem onde ele foi: o Sr. sabe bem todos os nossos passos.

JORGE
Antes os não soubesse. Devo dizer-lhe, entretanto, que não sei onde o Sr. João de Barros foi.

CLOTILDE
Palavra?

JORGE
Dou-lhe a minha palavra.

CLOTILDE
(*subitamente rindo*)
Seria engraçado...

JORGE
A senhora espanta-me.

CLOTILDE
Oh! muito engraçado mesmo. Um homem ciumento deixar a mulher só com um desconhecido durante dois dias!

JORGE
(*movimento*)
Dois dias?

CLOTILDE
(*lentamente*)
Dois dias... Vamos ficar só dois dias. Que polícia o senhor vai desenvolver. João foi à casa do coronel Peregrino, que o mandou chamar por causa das eleições. Dois dias a sós. Que policiamento.

JORGE
Se a senhora deseja eu parto já.

CLOTILDE
E o Sr. partiria quando sua profissão é vigiar-me?

JORGE
Há dez minutos a senhora insultava-me e deve saber que se eu a quisesse perder, há muito que o teria feito.

CLOTILDE
Sério?

Jorge
Bastaria apanhar uma das cartas que a Júlia leva ao Dr. Ernesto...

Clotilde
Infame!...

Jorge
Infame não, louco, louco de amor é que é. Quem tem culpa da senhora ser a própria tentação. Louco de amor é que eu sou. Desde o dia que a vi, que fiquei preso. Esta explicação que a senhora provoca, devia ter lugar. Sim, é preciso que a senhora saiba que eu não sou um vil explorador, vivendo a tripa forra de um fazendeiro, eu sou um pobre-diabo que teve a fatalidade de amar. E note que nunca levantei os olhos para si, que nunca murmurei, que sofri e sofro calado, só para poder viver na atmosfera que a senhora vive e olhá-la, vê-la, senti-la...

Clotilde
(*fria*)
O Sr. é um romântico!

Jorge
São românticos todos os que amam.

CLOTILDE
E sabe que se arriscaria a morrer se eu contar a meu marido?

JORGE
Que importa! A vida para mim, hoje, está perdida. Eu sou um náufrago, sem forças para ir adiante. Há um mês que sofro todas as torturas. Desabafo agora, e parto. Vou deixá-la, Clotilde, mas antes quero dizer que a amo, que a amo louca e perdidamente, que a adoro...

(*Um silêncio.*)

CLOTILDE
(*voz de mistério*)
Por que não disse isso...

JORGE
Mas a senhora via, a senhora sentia que eu a amava...

CLOTILDE
Baixo, a Júlia pode escutar...

JORGE
(*aproximando-se*)
Eu era louco, eu sou um doido, pobre-diabo sem frases bonitas, um caixeiro e a senhora amava o Dr. Ernesto, bacharel, poeta!

CLOTILDE
Mais baixo, criatura, que a Júlia prepara o meu quarto.

JORGE
Os dois dias de liberdade vão ser do Dr. Ernesto, vão ser só para ele, ele é que vai apertá-la nos braços, que vai beijá-la.

CLOTILDE
Jorge, Jorge, estás maluco...

JORGE
Por que tratar-me assim, se me odeia, se me fere sempre, se nunca falou comigo sem ódio...

CLOTILDE
Sabes lá...

JORGE
Clotilde! Clotilde!

CLOTILDE
(*perturbadora*)
Ódio eu, ódio eu que provoquei toda esta declaração!

JORGE
Clotilde, tenha cuidado. Não me anime assim. Eu sou um homem que ama...

CLOTILDE
És o homem que eu espero, eu que tu sabes uma infeliz, eu que procurei o Dr. Ernesto, na vida de claustro que o meu marido me proporciona, eu que quero viver.

JORGE
Clotilde, meu amor. (*aproxima-se muito*)

CLOTILDE
Olha a Júlia... Escuta. Vais deixar-me. Mandarei a Júlia sair, as portas estão todas fechadas, as janelas também. Às onze horas, sais do teu quarto e vens ver-me...

JORGE
(*terníssimo*)
Clotilde!

CLOTILDE
É bom não abrir portas, nem vires por dentro. Talvez haja ainda alguém acordado. Vem pelo terreno.

JORGE
Sim.

CLOTILDE
Chegas até esta janela. Sabes pular?

Jorge
A janela é baixa.

Clotilde
Trepas, chamas por mim. A janela está aberta. Entras...

Jorge
Clotilde, meu amor, meu amor... Eu era um homem perdido. Tu salvas a minha vida, tu me fazes o homem mais feliz do mundo.

Clotilde
Vai, anda...

Jorge
Um beijo, um só antes.

Clotilde
(*oferecendo-lhe o lábio*)
Toma... (*um instante nervoso*) Vai, anda...

Jorge
Até, mais outro...

Clotilde
Toma... toma, e volta já porque a noite, a noite vai ser toda, ouviste? Toda nossa...

JORGE
Adeus, meu amor. Alguns minutos apenas...
(*sai*)

Cena IV

CLOTILDE *e* JOÃO

CLOTILDE
(*só, fecha a porta com o ferrolho, limpa os lábios com o lenço, mostrando uma repugnância horrível, abaixa a luz do candieiro, abre os braços, torce as mãos.*
Fora latem cães)
Beijei um cadáver! Beijei um cadáver! Se ele me mentiu? Se ele fingiu também? Não pode ser, não pode ser, foi a providência que o mandou, foi Deus... Horror! Sinto-lhe o calor dos lábios, sinto-lhe a chama... Que importa! Foi para salvar o outro, para que o meu Ernesto viva... Ele tem que vir antes, ele tem que vir.

(*Ouvem-se três tiros a fio.*)
Ah!

JOÃO
Acendam as lanternas! Acendam! Quero ver a cara do bandido, do ladrão. Acendam! (*Projeção de luz.*)

CLOTILDE
(*de pé abrindo a janela*)
João! João! És tu? Quem é? Quem é?

JOÃO
(*urro de cólera*)
Infame! Infame! Era ele! Se não estivesse morto matava-o outra vez! É Jorge!

CLOTILDE
(*rindo nervosamente*)
Eu não te dizia! Eu não te dizia! (*vem rindo nervosamente até ao meio da cena; o riso transforma-se num soluço*) Meu Deus! Salvei-o!

(*Cai o pano.*)

EVA

Peça em três atos

A propósito de uma menina original

Representada pela 1ª vez a
13 de julho de 1915, no Teatro Casino
Antártica, de São Paulo, pela
Cia. Adelina Abranches.

A

Alexandre Azevedo

– *que me obrigou a escrever a* Eva;

– *que a levou à cena contra a má vontade de toda a gente imbecil;*

– *que nela obteve um dos seus mais justos triunfos;*

– *a quem eu devo o êxito da* Eva;

oferece,

João do Rio

PERSONAGENS

Eva de Azambuja
Adalgisa Prates, condessa papal
A Sra. Ana de Azambuja
Marta Guedes
Guiomar Torres
Ester Pereira
Souza Prates, conde papal
Jorge Fontoura
Godofredo de Alencar
Barão Lopes
Jerônimo Guedes
De Grant, cônsul de França
Carlinhos Pereira
Dr. Antônio da Maia, autoridade
Doval, criado
Dois trabalhadores

O LOCAL DA CENA

(*A fazenda de café de Antero Souza Prates, conde do Vaticano.*

Souza Prates, de uma das mais ilustres famílias de São Paulo, é o fazendeiro último modelo. Membro do Automóvel Club de São Paulo, membro do Aero de Paris, riquíssimo, levemente esnobe, faz da vida uma contínua diversão. Parte do ano passa-a na Europa, quando não passa o ano inteiro. De tempo em tempo visita a sua fazenda, que fica em Ribeirão Preto, a quarenta minutos da estação.

Essas visitas são sempre feitas na companhia de vários amigos, pessoas que levam a vida sem a preocupação da falta de renda – uma das mais graves preocupações da humanidade. De modo que, insensivelmente desarraigados, esses elegantes fazem desaparecer a tradição dos costumes paulistas num reflexo dândi do conforto dos castelos de Inglaterra ou de França.

A fazenda de Souza Prates tem eletricidade, salas de hidroterapia, criados estilizados à londrina. Os Souza Prates hospedam de modo encantador os seus amigos com a preocupação da alegria, da agitação e do chique, que é uma palavra nova, apesar de ser uma qualidade muito antiga.

A ação decorre em 24 horas, da manhã de uma quinta-feira à manhã seguinte de sexta, no antigo solar colonial.

O salão abre para uma larga varanda, que se debruça sobre a paisagem. É difícil dizer se o salão é o de um antigo casarão de família do interior, se o hall *de um hotel inglês do Mediterrâneo. Há dos dois. Há a arquitetura sólida, há a cor das paredes, há a regularidade do primeiro disfarçada na súbita exposição de candelabros, tapeçarias, divãs, mesas de fumo e de jogo. Portas à direita e para a esquerda, dando aos outros aposentos da casa. Escada para a varanda ao fundo.*

O aspecto é agradavelmente disparatado: o da tradição, que não se recolhe, e o do modernismo apreciado em excesso.)

TEMPO DA AÇÃO

Ato Primeiro – O salão às 11 horas da manhã.

Ato Segundo – O salão à noite.

Ato Terceiro – O salão na manhã seguinte até meio-dia.

ATO PRIMEIRO

(*Quando o pano abre, brilha o sol lá fora e chiam cigarras, as cigarras que são o som do verão. Há calor.*
Entra a S<small>RA</small>. D. A<small>NA DE</small> A<small>ZAMBUJA</small>, *viúva do general Azambuja. Desde que enviuvou, viaja com a filha. É transatlântica. Boa, com preconceitos antigos. Insignificante, elegante, pintada, comportada. Está de branco. Sombrinha. Chapéu primavera.*
No hall, *antes da Sra. D. Ana entrar, está só* D<small>OVAL</small>, *o criado, de casaca. Doval, português de nascimento, inglês de nome e francês de língua, porque a isso o obriga a linha dos patrões.*)

S<small>RA</small>. A<small>ZAMBUJA</small>
(*entrando*)

Doval!

DOVAL
Madame la générale...

SRA. AZAMBUJA
Est-ce que ces messieurs ne sont pas encore de retour?

DOVAL
Pas encore, madame la générale.

SRA. AZAMBUJA
Et madame?

DOVAL
Elle a sonné justement sa femme de chambre.

(*A Sra. Azambuja coloca a sombrinha sobre a mesa, volta-se. Entra* GODOFREDO DE ALENCAR, *o elegante escritor tão bem relacionado. É cético, alegre, com um ar de permanente espectador complacente. Flanela. Luvas de seda branca. Doval sai, de casaca.*)

GODOFREDO
Deuses! a generala já de pé às onze horas da manhã!

SRA. AZAMBUJA
Aproveito o ar do campo... Mas peço-lhe um obséquio. Não me chame generala. Na sua boca o título envelhece-me.

GODOFREDO
Com uma condição, generala.

SRA. AZAMBUJA
Qual?

GODOFREDO
Vai deixar esses ares franceses e não chamará mais campo à nossa velha roça e à fazenda de café do Souza Prates.

SRA. AZAMBUJA
Má língua! Não satisfaço assim a vontade dos proprietários?

GODOFREDO
Com exagero. Isto é o que se pode chamar uma fazenda traduzida para o francês do *boulevard* por um dos nossos escritores que tanto ignoram o português como o francês. Por conseqüência, na maioria dos casos, basta o acento agudo no fim das palavras. Em vez de ares do campo; digamos ares da fazendá.

SRA. AZAMBUJA
Você é ridículo...

GODOFREDO
Mas, minha cara D. Ana...

SRA. AZAMBUJA
Não seja impertinente, peço-lhe.

GODOFREDO
Impertinente?

SRA. AZAMBUJA
Sabe bem que não gosto que me chamem D. Ana.

GODOFREDO
Nem Generala nem D. Ana?

SRA. AZAMBUJA
Basta *Madame* Azambuja.

GODOFREDO
Seja. Também exijo que não me interrompa. Perdi o fio da análise...

SRA. AZAMBUJA
Da sátira, diga antes.

GODOFREDO
Não é verdade? Estamos numa fazenda. Qual a idéia geral de uma fazenda? Florestas, culturas; vida primitiva, simples, retirada da cidade. Esta está a quarenta minutos de Ribeirão Preto, cidade que tem cafés cantantes com *chanteuses*, todas do Capucines, das Folies Bergères

e do Moulin Rouge, apesar de nunca se terem perdido por lá. É ou não um choque nas nossas idéias? Há mais, porém. Só o nome de fazenda faz-nos pensar em negros no eito, em amplas feijoadas, leitões assados, a absoluta falta de conforto na fartura imensa. Cá os trabalhadores, em vez de pretos, são italianos visitados pelo cônsul e defendidos – *per dio Santo!* – pelo patronato geral dos agricultores. E quanto ao resto, os cardápios são à francesa, há eletricidade, telefone, aparelho de duchas... Pensava ver o fazendeiro falando mole, mas feito de aço. Encontro os Souza Prates, condes do Vaticano como quase todos os jornalistas do Rio, e recebendo os amigos com a elegância de castelões franceses recentemente fidalgos. É inverossímil. (*pasmo*)

SRA. AZAMBUJA
Opiniões de artista à procura da cor local... Olhe, eu, se fosse uma velha fazenda à antiga, não teria vindo...

GODOFREDO
(*enérgico*)
Nem eu, é claro.

SRA. AZAMBUJA
Que *blagueur*!

GODOFREDO
(*descalçando as luvas*)
O que não me impede de protestar em nome da tradição. *Madame* Azambuja, somos tristemente desarraigados, *des deracinés, ma très chère amie*... As viagens perderam-nos, obrigando-nos a representar Paris na roça...

SRA. AZAMBUJA
E felizmente também a roça em Paris, grande pedante!

(*Os dois riem. Entram pela varanda,* MARTA GUEDES, GUIOMAR TORRES, *a evanescente* ESTER PEREIRA, *jovens elegantes. Fatos brancos, sapatos brancos, raquetes de* lawn tennis.)

MARTA
Bonjour!

GUIOMAR
Morning!

SRA. AZAMBUJA
Voltam do *tennis*?

MARTA
Claríssimo! Estivemos uma hora no campo. Por sinal que Prates precisa consertar aquilo. Os filhos dos colonos rebentaram as redes e demarcaram o chão de modo indecente.

GODOFREDO
Os filhos dos colonos, como todos os filhos, são o futuro da pátria.

SRA. AZAMBUJA
E Eva? Não estava com vocês?

GODOFREDO
Mãe carinhosa!

GUIOMAR
Eva, como sempre, pregou-nos um logro.

ESTER
Foi-se às 6 horas da manhã com todos os homens...

SRA. AZAMBUJA
Oh!

GODOFREDO
Perdão. Todos não. Cá estou eu.

MARTA
Sim, ela exagera.

ESTER
Pois se até o barão Lopes, que acorda tarde, foi!

GUIOMAR
Mas ficou o Carlinhos, que nos queria ensinar o *football*.

GODOFREDO
Por causa da Ester?

ESTER
Que mentira!

MARTA
E também o Jorge Fontoura. Esse esteve a marcar os pontos. Mas é um sujeito mais grave que um comboio da Central.

GUIOMAR
Pudera! Se é um engenheiro e descarrila... Foi quem nos informou que Eva saíra às 6 horas com os nossos companheiros, para uma partida de caça...

SRA. AZAMBUJA
Meu Deus, minha filha caçando!

MARTA
Descanse, não dá um tiro!

ESTER
Mesmo porque quem a Eva tem de matar, não foi...

SRA. AZAMBUJA
Que inconveniência é essa, Ester?

GUIOMAR
Mas se toda a gente sabe?

SRA. AZAMBUJA
Sabe o quê?

MARTA
Que o pobre Jorge está loucamente apaixonado por ela!...

ESTER
Foi por isso mesmo que Eva não o convidou para o passeio. Ela não gosta de paixões.

SRA. AZAMBUJA
Meu Deus! Que revelações! Precisamos aclarar os fatos!

GODOFREDO
Mas aclarar o quê, D. Ana?

SRA. AZAMBUJA
Madame Azambuja, se faz favor!

GODOFREDO
Perdão! Não há nada positivamente a aclarar! Que culpa tem Eva de que a amem? Ela

brinca, ri e consegue ser especial. Há quantos dias estamos cá?

MARTA

Há quinze.

GODOFREDO

Qual o *flirt* de Eva?

ESTER

Todos!

(*Riso geral.*)

GODOFREDO

Quer dizer nenhum! Ela pode desfazer *flirts*, mas os trata igualmente...

MARTA

Inclusive os nossos maridos.

GODOFREDO

Sem que ninguém descubra preferências.

SRA. AZAMBUJA

Foi sempre assim. Onde vai, todos a amam...

GUIOMAR

E ela não ama ninguém.

GODOFREDO
Tem o *chic* de não fingir. Numa mulher é espantoso.

MARTA
E no homem é impossível!

GODOFREDO
Ora Eva tem 22 anos, e não amou nunca. Jorge tem 32 e é a primeira vez que ama com ímpeto, com desespero, com paixão. Jorge é sincero e digníssimo.

GUIOMAR
Nunca foi a Paris...

GODOFREDO
Mas tem ido a Minas Gerais, o que neste tempo é também importante. Não poderia haver oposição ao casamento, se Eva amasse.

SRA. AZAMBUJA
É difícil!

MARTA
Você mesmo a denominou "menina Barulho"...

GODOFREDO
Se ela vencer a paixão, será incomparável. Teremos barulho maior!

(*Entra* Madame Adalgisa Souza Prates, *bonita, macia, infantil, elegante. Tem um vestido que é magnífico, e gosta muito que lhe digam cumprimentos.*)

Madame Adalgisa
Enfin je vous trouve!...

Todos
(*em torno*)
Bonjour! Morning! Ma chère...

Godofredo
(*acentuando*)
Bom dia!

Adalgisa
Pourquoi crier comme çà?

Godofredo
Para valorizar o português. Vocês falam de tal forma, que quando aparece uma palavra nossa é preciso acentuar o descuido.

Adalgisa
Impertinente!

Godofredo
O *chic, ma très chère amie*, está em dizer amabilidades com impertinência. (*beija-lhe a mão*)

ADALGISA
E a quem diz você amabilidades quando grita: "Bom dia"?

GODOFREDO
Ao país! À pátria! Essa abstração fica tendo a certeza de que não esquecemos – *nous n'avons pas encore tout à fait oublié, all right*, a língua do país!

ESTER
Maluco!

ADALGISA
Não lhe digo o mesmo porque você é meu hóspede.

GODOFREDO
Que pena não estar no seu lugar! Diria a todos nós o que não quer dizer só a mim... Mas permita que a ache encantadora.

ADALGISA
Oh! não lisonjeie...

TODOS
(*em torno*)
Não. Está linda! Que beleza! É extraordinária!

(*Entra* Jorge. *É um homem forte, simpático, de gestos francos e decididos. Está vagamente inquieto. Flanela azul.*)

ADALGISA
Dr. Jorge, venha em nosso auxílio. Godofredo agride todos os meus hóspedes.

JORGE
(*saudando*)
Godofredo faz o *sport* das palavras.

GODOFREDO
Para fazer alguma coisa barulhenta, para estar *dans le train. Il faut du tapage!* Em compensação você faz o *sport* do silêncio. Parece um jogador de xadrez.

ESTER
Resolve o problema.

MARTA
Não sabe se come a torre ou a dama.

JORGE
Minhas senhoras, tenham piedade!... Não sei o exercício perigoso da ironia...

GUIOMAR
Faça como Godofredo, que fala mal da gente e nos copia literalmente.

GODOFREDO
Perdão. Falta uma sílaba. Literariamente.

GUIOMAR
Olhem como está vestido. Parece um *dandy* em Deauville...

ADALGISA
Deauville! Lembra-se, *Madame* Azambuja, da estação, há seis meses? Os hotéis eram por um preço fabuloso.

SRA. AZAMBUJA
(*aos outros*)
Madame Prates tinha uma série de salas no primeiro andar num dos primeiros hotéis. Pagava um preço inaudito.

ADALGISA
Ora! Lembro-me apenas o quanto me diverti com Eva... Imaginem que ela conseguiu o seu trem de seis!

ESTER
Seis?

SRA. AZAMBUJA
(*desejosa de atenuar um mau efeito*)
Brincadeiras da minha filha.

ADALGISA
Sim, seis *flirts*. Um argentino, um russo, um príncipe húngaro casado, cuja mulher andava pelas ruas de sandálias gregas, dois ingleses virgens e um francês que era apenas um De Morny!

TODOS
(*com respeito*)
Oh!

JORGE
(*rompante*)
Devia ser o mais imbecil!

SRA. AZAMBUJA
Era a opinião de Eva.

JORGE
Pois claro!

SRA. AZAMBUJA
E oito dias depois só restavam dois *flirts*, o príncipe húngaro e um dos inglesinhos que Adalgisa julgava virgem... O príncipe tratava Eva como um pai.

ADALGISA
E o inglesinho chorava.

GODOFREDO
Na cama?

ADALGISA
Ora que idéia! Chorava quando nos via. Pensará o senhor que ele nos via deitado?

MARTA
Inteiramente Eva!

ADALGISA
A tentação!

GUIOMAR
Decididamente não casará. Não é a sua opinião, Sr. Jorge?

JORGE
Não conheço com intimidade a pessoa de que fala, para dar uma opinião.

SRA. AZAMBUJA
Não diga tais coisas, Guiomar. Tenho tanto medo do gênio de Eva!

ADALGISA
Oh! Ela acaba como as outras. Terá de amar. E exige, quer o impossível... É preciso adivinhá-la... Apenas temo que poucos homens sejam capazes hoje de perder o tempo adivinhando uma mulher...

GODOFREDO
Pois se o tempo é das soluções rápidas! Não vês a condessa que até as charadas desapareceram dos jornais?

ADALGISA
Charada ou não, todos a estimam. Hoje levou a galopar o próprio barão Lopes. Quando ontem à noite ela me contou o plano, confesso que não esperei tanto...

JORGE
V. Ex.ª sabia então do passeio?

ESTER
Pois Eva conta tudo a Adalgisa...

ADALGISA
(*rindo*)
E sabia que o senhor não ia porque tem um ar de juiz casmurro...

GUIOMAR
Só?

MARTA
(*rindo*)
Só, naturalmente...

ESTER
(*rindo*)
Só, naturalissimamente...

JORGE
Julgou-me severamente. Mas não compreendo...

ADALGISA
(*rindo*)
É melhor não se dar a esse trabalho. Mas são onze e meia. Vocês vão almoçar em traje de *tennis*? Temos só meia hora...

GUIOMAR
Tiens! je me sauve...

MARTA
Anche io, carina...

ESTER
Y yo, mi querida...

(*Saem a correr as três.*)

ADALGISA
É que temos um dia cheio de trabalho! O torneio de *bridge*, a visita às plantações de uvas do Dr. Barreto, o chá, o jantar, e à noite, a serenata dos colonos italianos. Pelo menos faço o

possível para que os meus hóspedes não se aborreçam.

GODOFREDO
A condessa é o gênio da hospitalidade.

ADALGISA
Feio! Venha comigo, *madame* Azambuja. Vou mostrar-lhe uns figurinos.

GODOFREDO
Vou também. Os figurinos são as únicas pinturas decadentes que ainda compreendo.

ADALGISA
Você fica com o Dr. Jorge. É castigo. Para falar menos!

(*Saem rindo.*)

GODOFREDO
Má!

JORGE
(*impetuoso*)
Viste as insinuações dessas senhoras?

GODOFREDO
O amor brilha, mancebo!

JORGE
Nada de pilhérias, Godofredo. Sinto que estou sendo ridículo. É humilhante. Não sirvo para sociedade tão frívola. Levam tudo em troça. Sou um simples. Sou um matemático.

GODOFREDO
Pertences ao derradeiro grupo dos vencedores do Amor. Sim. A equação e o cálculo são as bases do conhecimento da mulher, que é positivamente um estudo de geometria no espaço...

JORGE
Não faças frases. Deixa-as para quando houver gente...

GODOFREDO
Mas é um vício, homem. Faço frases, como quem bebe. Para distrair-me. As frases dizem sempre o contrário do que pensamos.

JORGE
Godofredo! Tem piedade. A minha situação é de ridículo.

GODOFREDO
Ridículo tu, porque amas? Estás doido. Aqui só tu não és ridículo, porque és sincero. Vamos a saber... (*olhando o dia*) Que lindo dia, hein?

JORGE

É.

GODOFREDO

Nem olhaste! Como vocês, engenheiros, devem amar! Só se apercebem do sol porque estudaram astronomia, e das árvores porque fizeram exame de botânica. Fica tudo para a mulher.

JORGE

Incorrigível!

GODOFREDO

Palavra! Um homem como eu, um artista – porque eu sou artista – (neste momento, por exemplo, percebo que lá fora chiam as cigarras de Homero) perde-se no ambiente. O engenheiro ataca o resumo. Só vocês podem conquistar ainda uma mulher, porque são capazes do sacrifício!...

(*Mas surgem* DOIS TRABALHADORES, *que falam com carregado acento italiano, e vagarosamente, com atenção, já estão a descer da varanda.*)

GODOFREDO
(*vendo-os*)

Que há?

1º TRABALHADOR
O patrão?

2º TRABALHADOR
O conde de Prates...

GODOFREDO
(*seco*)
Não está!

1º TRABALHADOR
É que disseram que já chegara... Não são os seus aposentos aqueles?

GODOFREDO
São. Mas que têm vocês com isso?

2º TRABALHADOR
Não. Queremos falar só...

JORGE
Falem ao capataz... É melhor, ou voltem.

1º TRABALHADOR
Voltaremos... Perdão...

(*Saem rápidos.*)

JORGE
Que caras!

Godofredo
São os substitutos dos pretos, meu caro. Anarquistas, protegidos pelos patronatos e os cônsules! Os fazendeiros paulistas bailam sobre um vulcão. Um desses tipos parece-me o jardineiro. Ainda outro dia encarregou-se do fogo de vistas. Que problema terrível!

Jorge
Qual?

Godofredo
A ligação dos casos. Um vulcão que solta foguetes!

Jorge
Queria ter o teu bom humor!

Godofredo
Não terias tempo para amar. Ah! Mas é verdade. Tratávamos do teu ridículo. Ridículo por quê?

Jorge
(ímpeto)
Ridículo por tudo. Ridículo porque já todos sabem, ridículo porque não posso conter-me, ridículo porque não sou correspondido. Tenho apenas a dizer-te uma coisa: parto amanhã.

Godofredo
Nada de infantilidades. Que vieste cá fazer? Vieste por interesse. O Prates precisa do levantamento de plantas e da transformação dos terrenos que tem em Goiás. Tens de ficar para contentar Prates, que te fará sócio nessa fantasia.

Jorge
Fantasia?

Godofredo
Goiás é uma ficção geográfica. Mas em todo caso, precisas acompanhar Prates na quinzena em que ele faz de parisiense fazendeiro. Tens uma linda posição, tens talento e a tradição de uma família de engenheiros ilustres. Todos nós acompanhamos o *snobismo* do Prates. Fica!

Jorge
Mas é que todos começam a rir de mim.

Godofredo
Porque amas. É inveja.

Jorge
Oh!

Godofredo
E amas, matematicamente.

JORGE
Acabas enervando-me com a matemática.

GODOFREDO
Amas como quem nunca foi a Paris, amas como quem nunca teve um camiseiro elegante e um *botier épatant*, amas como quem doma a terra, ó animal raro! sinceramente. O riso é inveja, fenômeno!

JORGE
Pois seja. Seja o que quiseres. Mas para quê? Ela é elegante, frívola, *flirteuse*, não gosta de ninguém. Eu não fui a Paris.

GODOFREDO
Por isso mesmo és perigoso...

JORGE
Ela evita-me! Godofredo! Não! Não é possível! Não desejei nunca uma coisa, que não a obtivesse. E esse amor, o meu primeiro amor, o meu único amor que me despreza!

GODOFREDO
Conquista-a!

JORGE
Desde o dia que aqui cheguei que a amo, que a sinto diversa do que deseja ser, que a de-

sejo, que a quero... E cada vez mais! Cada vez mais, à proporção que a vejo fugir-me. Não. Fica sabendo. Eu acharei ocasião de falar-lhe. E digo-te: é a minha vida ou meu fim... Parto amanhã.

(*Algazarra fora. Jorge precipita-se.*)

GODOFREDO
Aposto mil libras, aposto a fazenda do Prates, aposto o inexistente Goiás como não partes.

(*Fora barulho. Um toque de trompa desafinado. Latidos de cães. Erupção no* hall. BARÃO LOPES, *velho* decavé et bon enfant. ERNESTO DE GRANT, *cônsul de França*, SOUZA PRATES, *o* gentleman *do café, muito chique,* JERÔNIMO GUEDES, *esposo de Marta*, CARLINHOS PEREIRA, petiz *cheio de suficiência.*)

BARÃO
Mas é a trombeta de Jericó!

JERÔNIMO
Eva, pelo amor de Deus!

SOUZA PRATES
Eva!

GODOFREDO
Mas que é isso?

CARLINHOS
Eva que está tocando o *hallali*!

JORGE
E caça?

JERÔNIMO
Nenhuma! Pilhérias de Eva!

SOUZA PRATES
Eva, ou paras, ou vou buscar-te pelas orelhas!

EVA
(*dentro*)
Duvido, Napoleão!

SOUZA PRATES
Repete!

(*Toque de trompa.*)

SOUZA PRATES
(*correndo pela galeria*)
Vais ver.

CARLINHOS
Eu cerco.

(*Algazarra, gritos.*
EVA DE AZAMBUJA, *Amazona elegantíssima.*

Ramo de flores silvestres. A trompa. Entra rindo, perseguida por Souza Prates e Carlinhos.)

EVA
(*refugiando-se por trás de um divã*)
Não vale! Não vale! Covardia. Os homens são covardes.

BARÃO
(*interpondo-se comicamente*)
Pois eu defendo.

EVA
Obrigada, barãozinho de minha alma.

GODOFREDO
E eu!

EVA
O cronista repete os outros. Venha.

DE GRANT
Mais moi aussi, Mademoiselle.

EVA
Somos aliados.

SOUZA PRATES
Mas a menina leva a trompa como uma *scie* contra todos nós e ainda vocês passam?

EVA

Conde, este *divan* é a Bélgica. Ou você passa ou é *boche*!

SOUZA PRATES

Corro a salvar-te!

JERÔNIMO
(*rindo também*)
A salvarmo-nos é que é.

CARLINHOS

Então eu também.

EVA

Aceito porque se rende!

(*Todos ficaram ao lado de Eva. Jorge sorri sem tomar uma resolução.*)

EVA

Do alto desta trincheira! (*toca a trompa. Todos tapam os ouvidos*) Chamo, ninguém me responde; olho e não vejo ninguém!...

GODOFREDO

Vês o Jorge.

EVA

Engenheiro!

JORGE
Mademoiselle.

EVA
Você é o inimigo.

JORGE
Mas eu passo...

EVA
Nunca! Precisamos de inimigos.

BARÃO
A superioridade do número é terrível.

EVA
Mas ele é alemão.

JORGE
Perdão!

EVA
Tem que ser!

TODOS
Tem que ser! Tem que ser!

EVA
Alemão, renda-se! Não se rende? Lá vai bala! (*atira-lhe o ramo*) Avancemos. (*e precipita-se*

com todos sobre Jorge. Riso geral) Vencemos. Levem o ferido! Debandar! (*toca a trompa, fogem todos. Ela cai no divã*) Uff! Manhã trabalhosa!

(ADALGISA, SRA. AZAMBUJA *entram.*)

ADALGISA
Mas que é isso? Que há?

SRA. AZAMBUJA
Revolução?

EVA
As grandes campanhas da Bélgica.

SOUZA PRATES
Não imaginam o que fez Eva!

DE GRANT
Mademoiselle a été charmante.

ADALGISA
E não nos levaram!

EVA
Meu amorzinho... Impossível! Era um passeio só de homens.

SRA. AZAMBUJA
Minha filha!

ADALGISA
Mas ficaram vários: o Godofredo, o Jorge, o Carlinhos.

EVA
Explico – Godofredo é cronista, o Froissart do Castelo. Só pode escrever bem o que não viu. *Ergo* – inútil como presença. O engenheiro calcula e o cálculo entristece. Logo, afastado. O Carlinhos é criança e nós éramos todos maiores. Hei de passear com os três quando estiver para aborrecer-me. De resto, são os meus únicos partidos neste solar, os únicos solteiros. Eles e o barão.

SRA. AZAMBUJA
Não diga inconveniências, Eva.

EVA
Ora! Se até já escolhi o barão, mamã?

BARÃO
Eu não me caso.

ADALGISA
Por quê?

BARÃO
Porque seria infelicíssimo.

JERÔNIMO
Por quê?

Barão
Porque o merecia.

Godofredo
Por quê?

Barão
Porque teria casado. Há maluquice maior?

Eva
Muito bem. Com o barão, podemos repousar. Depois de quem eu gosto aqui, de fato, não é de nenhum de vocês. É da Adalgisa.

Adalgisa
Lisonjeira!

Eva
Como ela está bonita! Se fosse rapaz, o Prates não teria a Adalgisa sem passar pelo meu cadáver.

Souza Prates
E se eu fosse a Adalgisa fugia com a Eva...

Eva
Pretensioso! Mas como passou o meu amor a manhã?

Adalgisa
Ouvindo o Godofredo dizer inconveniências.

EVA
Só?

GODOFREDO
E trabalhando a *toilette*...

EVA
É da sua conta? Ela é bela. A *toilette* custa, porque as coisas mais bonitas acham-se feias perto dela..

ADALGISA
Oh! Eva, como és boa...

EVA
Digam qual dos dois é mais lindo: o fio de pérolas ou o pescoço de Adalgisa? E entretanto nunca vi pérolas mais belas.

JERÔNIMO
São raras.

SOUZA PRATES
O Fontana de Paris levou três anos a colecioná-las. Todas iguais.

GODOFREDO
As jóias de *madame* Prates são a afirmação do bom gosto.

De Grant
Oh! *oui*!

Barão
Do seu bom gosto e da sua fortuna. O colar está a dizer as duas coisas.

Souza Prates
Há mais caros. Este vale uns 300 000 francos.

Eva
Não o roubo porque preferia Adalgisa.

Adalgisa
Louquinha.

Souza Prates
Mas vamos almoçar ou não?

Todos
Vamos. Estou com grande apetite.

Jerônimo
Vou ver minha mulher... (*sai*)

Barão
Estou sujíssimo. (*sai*)

De Grant
Permettez, madame la comtesse. (*sai*)

SOUZA PRATES
Meu caro Jorge, que me diz dos documentos de Goiás?

JORGE
Que documentos?

SOUZA PRATES
Onde tem a cabeça? Os que lhe dei ontem à noite?

JORGE
Perdão, ainda não os li.

SOUZA PRATES
Partimos para São Paulo dentro de oito dias. É preciso ter o plano traçado. Caso queira, ficará com a chefia da exploração.

ADALGISA
Mas, vamos ou não? Godofredo, ande daí.

EVA
Movimente-se, homem artrítico.

GODOFREDO
Obedeço. É verdade. Esquecia-me. Estiveram dois trabalhadores cá.

JORGE
Vinham à sua procura.

Souza Prates
À minha procura? Essa gente não se atreve. É impossível. São perigosos aliás. Não os recebo nunca.

Godofredo
Um deles creio que era o jardineiro...

Souza Prates
Bem. Coisas da iluminação, logo à noite...

Adalgisa
É o mesmo que tanto trabalhou para descobrirmos o diamante que me roubaram o ano passado.

Eva
E que ninguém descobriu?

Godofredo
Naturalmente.

Adalgisa
O almoço é dentro de dez minutos. Até logo, *madame* Azambuja, Godofredo! – Honorato,[1] creio que não vais para a mesa assim?

---

1. Na 2ª edição da peça, o nome Honorato é substituído por Antero. (N. do E.)

(*Debandada geral. Eva fica um instante só. Depois, Jorge, que não saiu da varanda.*)

EVA
Uff! Toca a vestir! Toca a almoçar! Divirtamo-nos!

JORGE
(*aproxima-se*)
Quê? Solitária?

EVA
(*rindo*)
Ora! Apenas porque eu estava só é que o engenheiro voltou. Há meia hora esperava a ocasião. Sim ou não?

JORGE
Sim.

EVA
Pois tenha uma surpresa. Fiquei porque contava com a sua presença.

JORGE
Eva, não brinque.

EVA
Palavra. Para dar uma compensação ao passeio...

JORGE
Foi má.

EVA
Continua o *flirt*?

JORGE
Chama a isto *flirt*?

EVA
Nada de emoções, Jorge. Depois da trompa, estou incapaz de resistir.

JORGE
Mas é que a senhora trata a brincar um sentimento profundo.

EVA
Ora!

JORGE
Vamos a saber... que pensa a meu respeito?

EVA
O que penso dos outros: nada.

JORGE
Só?

EVA
Quer mais?

JORGE
Se fosse possível...

EVA
Pois penso, sim; penso que você é um engenheiro de 32 anos, que vai para uma terra que não existe e que se chama Goiás...

JORGE
Eva! Eva!

EVA
Como está patético!

JORGE
Eva, fale sério, não esconda a alma...

EVA
Começa o interrogatório. Temos o juiz. Decididamente errou a vocação.

JORGE
Não é possível que seja assim; não é possível que não reconheça a sinceridade, a profundez do meu sentimento.

EVA
Vamos almoçar.

JORGE
Não sei flertar...

Eva
Vê-se...

Jorge
Permita que lhe pergunte: já amou na vida?

Eva
Indiscreto!

Jorge
Se tivesse amado uma só vez compreenderia a força angustiosa, irresistível...

Eva
Jorge, até logo!

Jorge
E respeitá-la-ia e teria um pouco de reflexão. Eu não brinco, eu não me divirto...

Eva
Infelizmente...

Jorge
Porque é o meu coração, é a minha vida que está em jogo.

Eva
Oh!

JORGE

Eu amo-a, Eva, irrevogavelmente. Sinto que deve ser o amparo, a luz, o bem da minha vida. E quero ser seu esposo, porque a sinto boa, nobre, diversa do que quer parecer.

EVA

Mas você está doente, Jorge...

JORGE

Imensamente, para toda a vida. E da senhora depende tudo, o desastre ou a felicidade. Ninguém, Eva, a amará como eu a amo. Dê-me uma palavra, diga essa palavra. Mas não brinque, fale sério.

EVA

Para que lhe serve ter estudado matemática?

JORGE

Para a resolver.

EVA

Eu sou a quadratura do círculo.

JORGE

Por Deus! Não me atormente mais. Seja o que eu sinto que é. Francamente. É a minha vida que está diante da sua. É o meu coração diante dos seus olhos, é o meu sonho a seus pés – é um homem com tudo quanto possa ter de nobre que lho pede. Eva! Eva! Responda!

Eva

Com teimosos como você não é possível brincar!

Jorge

Não!

Eva

E é preciso responder?

Jorge

É.

Eva

Vou falar-lhe a sério. Um segundo apenas para não envelhecer muito. Jorge, sou maior, tenho algum juízo, posto que não pareça e há uma coisa que me causa medo – o casamento. Há dois mil anos um literato chinês – Pau-Hoei-Pau...

Jorge

Que tipo era esse?

Eva

Uma espécie de Godofredo na China. Há dois mil anos o *chim* literato escreveu: "Se a mulher casa por vontade do coração, é por toda a vida; se casa contra a vontade, é também por toda a vida".

JORGE
Onde leu isto?

EVA
Num jornal de Paris.

JORGE
Mas daí?

EVA
Daí, Jorge, uma declaração que me pareceria inútil se você tivesse o espírito das nuanças. Eu sou de fato sincera. A vida sem sinceridade ou com indiferença assusta-me. É preciso casar? Seja. Mas com um homem que nos ame de verdade, com um amor que seja para toda a vida, com alguém que nos conquiste, que nos mostre a profundez do sentimento, sem palavras, sem retórica, com o fato. Porque o meu amor será por toda a vida, também...

JORGE
E para ter esse amor?

EVA
É preciso tudo!

Jorge
Pois eu lhe digo: ou eu a tenho ou desapareço, porque isto não é vida. É incêndio. É dor. É delírio!

Barão
(*na varanda*)
Vocês vêm ou não vêm almoçar?

Eva
Barão, salve-me! O Jorge fez-me uma declaração. Quer casar comigo.

Jorge
Eva!

Barão
Quer o castigo, então?

Jorge
Que castigo?

Barão
O maior castigo para o celibatário – o casamento!

Eva
Apoiado! Viva o barão! (*vendo a trompa*) Mas toquemos o sinal do almoço! (*grita e sopra a trompa*) Almoço! *Lunch*!

(*Ao ruído aparecem todos os personagens,
tapando os ouvidos, atordoados e rindo.*)

BARÃO
(*às gargalhadas*)
É a Eva! É o Barulho!

EVA
Almoço! Almoço!

(*E o pano cerra-se na confusão de protestos e
gritos sob a desafinação da trompa.*)

ATO SEGUNDO

(*O mesmo* hall. *Onze horas da noite. Faz luar, que começa a lamber as colunatas da varanda. Ouve-se um tango argentino noutra sala, tango que se prolonga bastante. Há também risos, exclamações que chegam em surdina ao* hall...

Jorge *está só na varanda,* smoking. *De resto todos fizeram* toilette *de noite.* Smokings. Decotes.)

GODOFREDO
(*que entra*)
Afinal descubro-te. Estavas a admirar a lua? Olha que calha bem a um namorado.

JORGE
Estou repousando apenas. Tanta diversão junta acaba por fazer-me mal.

GODOFREDO
Perdeste. Eva ensina o tango argentino à Marta. Marta, antes de dançar, participou-nos solenemente que não era *cocotte*. Perfeitamente divertido...

JORGE
Porque finges que te divertes...

GODOFREDO
É ainda a melhor maneira de aborrecer-me sem dar por tal. Estamos numa sociedade fútil! Sou fútil. Amanhã aparece Platão.

JORGE
Não aparece.

GODOFREDO
Vamos que apareça. Eu logo começo a passear com Platão e a discretear a respeito do sentido alegórico da poesia. Com o Souza Prates, porém, é só baixa de café, Paris, elegância e *pocker*. Tu não compreendes as nuanças.

JORGE
Já me disseram isso, e eu respondi que era sincero.

GODOFREDO
Eu também. Apenas devemos ser sinceros de acordo com os indivíduos com quem trata-

mos. Sincero de um modo só é viola com uma corda única... (*pausa, acabrunhado*) Esta minha frase cheira a aforismo de caboclo. O ambiente! A fazenda, apesar de traduzida, começa a deteriorar-me!...

JORGE
Godofredo, não estejas a brincar, quando atravesso o mais trágico momento da minha existência.

GODOFREDO
Trágico momento por quê? Porque amas! Isso tem acontecido a muita gente.

JORGE
É que eu amo desesperadamente. Nunca senti isto. É aflição, é angústia, é um desejo imponderável e envolvente, estranho, dominador, obcecante. Vou a perder vertiginosamente o domínio sobre mim mesmo.

GODOFREDO
O *self*-controle...

JORGE
É o desespero de queda irrevogável.

GODOFREDO
Mas, se é assim, fala-lhe...

JORGE

Já lhe falei.

GODOFREDO

Recusou?

JORGE

Citou-me a China.

GODOFREDO

É mais longe que Goiás.

JORGE

Quer ter a certeza do amor.

GODOFREDO

Se te disse isso, disse mais que aos outros.

JORGE

Mas que hei de fazer?

GODOFREDO

Conquista-a.

JORGE

É inexplicável. Sinto-a boa, digna. Mas inexplicável. Não há outra assim...

GODOFREDO

Fantasia! Todas as mulheres se parecem por

mais extraordinárias que nos pareçam a nós. Vão umas por certas ruas, outras por outras, ainda outras dão uma porção de voltas. Mas no fim chegam todas ao cais. Quem as espera no cais, não perde tempo. O cais é o casamento às vezes. Devo dizer que simpatizo com as voltas de Eva, antes de chegar ao cais. Eva é a sedução, misto de criança e de diplomata. Apesar de dominar onde chegue, ninguém fala mal dela.

JORGE
Não dá motivos para isso.

GODOFREDO
O que não impede de o fato ser prodigioso no Brasil, onde só se fala mal dos que não dão motivo. Há motivo maior?

JORGE
O doloroso é ser tratado exatamente como os outros. Eva não quer casar.

GODOFREDO
Ainda um ponto de destaque. Ela espera uma chave boa.

JORGE
Godofredo!

GODOFREDO
Sim, meu caro Jorge! O marido para as meninas modernas é uma espécie de chave de trinco para os rapazes de 15 anos. Eles não fazem questão senão de cair na rua. Elas não pensam senão em cair no mundo. Qualquer chave serve. O marido é a chave de trinco social. Eva não quer chave de trinco, quer chave de cofre.

JORGE
Seja como for, ela decidirá da minha sorte!

GODOFREDO
Mas que é isso?

JORGE
Que para mim essa rapariga é a vida. Não darei mais um passo sem ela. Sinto-me quebrado e sem forças só de pensar num futuro em que não a veja. E desejo-a, Godofredo, como o consolo, como a paz, como a alegria. Ou ela dá-me uma esperança ou eu desapareço.

GODOFREDO
Que vais fazer?

JORGE
Partir, afundar, sumir...

GODOFREDO
E Goiás? E a fortuna?

JORGE
Que é a fortuna sem o que se deseja?

GODOFREDO
Mesmo em Goiás, tens razão, é nada.

JORGE
Mas eu quero-a com tal ímpeto que se não tivesse uma sombra de esperança, matava-me!

(ADALGISA PRATES e DE GRANT *entram.*)

DE GRANT
Quelle charmante soirée!

ADALGISA
Vous allez voir la serenade. C'est pour onze heures et demi...

GODOFREDO
Deve ser interessante. Canções napolitanas com fogo de vistas, não?

ADALGISA
Oh! estavam aí. Ainda bem, Godofredo. Há pouco eu e Mr. De Grant tropeçávamos numa dificuldade da língua portuguesa.

GODOFREDO
Não é possível. O português, como língua, é uma miragem...

DE GRANT
Mais non; c'est vrai! votre langue est tellement difficile...

GODOFREDO
Et vous, Mr. le consul, tellement gentil...

ADALGISA
O tropeço era apenas este: como traduzir *robe panier*?

JORGE
Mas... vestido cesto.

ADALGISA
Fica terrível.

GODOFREDO
Tradução ao pé da letra. Cesto é de fazer perder o sexto sentido.

DE GRANT
Comment?

GODOFREDO
O sentido da cestualidade...

ADALGISA
Está a rir e o caso é sério. Trata-se da moda, ouviu?

JORGE
A moda é a moda.

GODOFREDO
O que vale dizer: um tolo é um tolo!

DE GRANT
Mais vous, vous êtes un ironiste...

GODOFREDO
(*a* JORGE)
Positivamente, este francês chucha com todos nós!

(*Entram rindo* ESTER, GUIOMAR, *o* BARÃO.)

GUIOMAR
Querem saber a última do barão?

ADALGISA
Inconveniente?

ESTER
Inconvenientíssima.

BARÃO
Nada. Dizia apenas a verdade. E repito-a. Minhas senhoras: eu sou virgem!

GODOFREDO
(*apertando-lhe a mão*)
Meus parabéns!

ADALGISA
Shoking!

BARÃO
É esta a sociedade! Acham um homem imoral porque é virgem!

EVA
(*entra a correr*)
Barão! Barão! a notícia corre.

JORGE
Que notícia?

EVA
Esteja quieto, não é consigo.

GUIOMAR
Neste momento acaba de confirmá-la!

EVA
Barão, você é virgem?

BARÃO
Como Santa Teresa.

GODOFREDO
Ou como a imperatriz Teodora.

EVA
Neste caso está demitido de meu *flirt* preferido.

BARÃO
Perdão. Sou virgem mas amo.

EVA
A mim?

BARÃO
A todas. É como uma tristeza, uma saudade...

ADALGISA
Mas então é moléstia.

EVA
É grave. É a nostalgia do desconhecido...

DE GRANT
Mais oui!

GODOFREDO
Assim como lembrar o equador sem nunca ter passado a linha...

EVA
Inconveniente! Mas que mau costume o de aproveitar-se de minhas frases!

JORGE
E por que diz tantas frases?

EVA
Porque quero.

JORGE
E se eu lhe pedisse que não as dissesse?

EVA
Perdia o espírito.

(*Entram* MADAME AZAMBUJA, SOUZA PRATES, MARTA, JERÔNIMO, CARLINHOS.)

SOUZA PRATES
Não! Antes de tudo a ordem. Às 11 em ponto verão romper uma das canções e a essa hora o jardineiro acenderá o primeiro fogo-de-bengala.

MADAME AZAMBUJA
Deve ser lindo.

CARLINHOS
Souza Prates é incomparável.

SOUZA PRATES
Na Itália todas as serenatas têm fogos-de-bengala. Lembram-se de Veneza?

JERÔNIMO
Mas depois da serenata, temos *pocker*? Preciso de *revanche*!

SOUZA PRATES
Naturalmente.

MARTA
Este meu marido só pensa em *pocker*. Ainda acabo por traí-lo.

JERÔNIMO
(*beijando-a*)
Ingrata.

SOUZA PRATES
Posso mostrar-lhes daqui o local em que romperá a canção. *Voulez-vous voir*, De Grant?

(*Sobem alguns para a varanda.*)

MARTA
Dr. Jorge, venha flertar um pouco comigo...

EVA
Jorge não sabe flertar.

JORGE
Porque acho que não se brinca com coisas sérias.

MADAME AZAMBUJA
Minha filha, que é isso?

EVA
Adalgisa, acuda-me! Todos censuram-me. O Dr. Jorge, a mamã. Vou chorar. Eles querem coisas sérias...

GODOFREDO
Pois eu sou da opinião de Eva. Só devemos brincar com as coisas sérias. As outras não têm importância alguma.

ESTER
Por isso mesmo...

BARÃO
Deixe-o falar. Olhem, há uma coisa séria com que ninguém pode brincar: é o amor.

ADALGISA
Bravíssimo!

BARÃO
Já tive um amigo que quis brincar com o amor. O amor era uma senhora histérica.

GUIOMAR

Este barão!

BARÃO

Um belo dia ela entrou-lhe por casa, de revólver em punho: "Dize que me amas, ou mato-te!" Ele, não podendo fugir, gritou: amo-te! Ela caiu-lhe nos braços. E estão assim há quinze anos.

EVA

Pobre homem. Deve estar cansado...

ADALGISA

E que braços terá para levar tanto tempo nessa posição...

SOUZA PRATES
(*da varanda*)

Adalgisa!....

ADALGISA

Meu amigo.

EVA
(*retendo-a*)

Espera. O teu colar está bem seguro?...

ADALGISA
(*certificando-se*)

Está.

Eva
(*subindo com ela*)
Sabes que ficaste mais linda agora à noite?

(*Estão todos na varanda a conversar. Só na cena: Barão, Godofredo e Jorge.*)

Godofredo
(*sentado*)
Este barão é divino!

Jorge
O que me admira é o seu repositório...

Barão
De disparates, não?

Jorge
Não digo isso.

Barão
É apenas um modo de ser. Não há o homem. Há homens, expressões e modalidades. Você, por exemplo, é uma expressão...

Godofredo
Um pouco fora da moda.

Jorge
Nada tens com isso!

BARÃO
Godofredo é outra...

JORGE
... literato da moda...

GODOFREDO
E o senhor que tem com isso?

BARÃO
Eu sou outra. Peço apenas que não digam o que eu sou...

SOUZA PRATES
(*na varanda*)
Barão, escute um momento.

BARÃO
E agora então que os deixo sós... (*sobe à varanda*)

(DOVAL *passa com refrescos.*)

JORGE
E esse barão que é?

GODOFREDO
(*leva-o até o extremo, segreda-lhe*)
Um homem!

JORGE
Previno-te que não estou para troças.

GODOFREDO
Palavra.

JORGE
Pergunto que faz ele?

GODOFREDO
Nada.

JORGE
E de que vive?

GODOFREDO
Da sorte. Não me olhes com fúria. É a pura verdade. Não faz nada e a sorte acompanha-o. Nunca ouvi dizer que um honrado chefe de família tirasse prêmios na loteria. Pois ele já os tirou por três vezes.

JORGE
E é a sorte só que o mantém?

GODOFREDO
Claro. O barão tira sempre o prêmio, porque quando não tira na loteria tira dos outros.

(EVA *e* JERÔNIMO *descem de braço dado*.)

EVA
(*a* JERÔNIMO)
Estou muito zangada, estou!

JERÔNIMO
Que é preciso fazer para a menina rir?

EVA
Vão jogar o *pocker* hoje...

JERÔNIMO
Mas se não fui eu quem lembrou!

EVA
Não é por nada. É só porque se você joga o *pocker* acorda tarde, e eu queria que fôssemos juntos ao curral. Não é uma bela idéia ver as vacas de madrugada? Devem ter a cara fresca...

JERÔNIMO
Eu acho que as vacas têm sempre a mesma cara.

EVA
Mas é para beber leite quente. Nós dois, sem mais ninguém. Depois trazemos as vacas com campainhas para defronte da varanda e acordamos o pessoal com uma barulhada dos diabos. Diga que sim, Jerônimo... diga...

GODOFREDO
Que conspiração é essa?

JORGE
Pode-se saber?

EVA
Não! Este juiz no perene interrogatório! Ora já se viu? Estava falando de um vagabundo que encontramos na estrada e fazia frases. Sujo, os trapos a cobrir-lhe o corpo, o homem deu-nos lições em paradoxos terríveis.

GODOFREDO
Em paradoxos? Um sujeito sujo? Não é possível.

JERÔNIMO
E então por quê?

GODOFREDO
Porque o paradoxo na boca de um sujeito mal vestido é apenas desaforo.

(*Os dois sobem rindo.* CARLINHOS *desce.*)

CARLINHOS
Ó Godo...

GODOFREDO
Sr. Dr. Godofredo de Alencar. Nada de liberdades comigo.

CARLINHOS
Que importância!

GODOFREDO
A da idade – indiscutível, menino Carlinhos.

CARLINHOS
A Eva meteu-te na combinação?

GODOFREDO
Sim, senhor!

CARLINHOS
Ainda bem. Sabes o que faz agora? Troca os lenços dos que estão na varanda... Você, que é literato, permita uma imagem. Ela parece-me uma *bacchante*.

GODOFREDO
Sim, senhor. Uma *bacchante*, que só se obtém com passagem pela pretoria. Há muitas assim.

EVA
(*na varanda*)
Carlinhos!

CARLINHOS
É algum novo plano. Até já... (*corre*)

JORGE
Que combinação é essa?

GODOFREDO
Ignoro.

JORGE
Mas disseste que sabias.

GODOFREDO
Porque diante de crianças não fica bem ignorar coisa alguma.

JORGE
Outra pilhéria de Eva, decerto. Continua a atordoar-se, continua a fugir-me.

EVA
(*na varanda*)
Literato! ó literato!

JORGE
Olha que ela te chama.

GODOFREDO
(*em tom grave, falso*)
Por quem procura, excelentíssima?

EVA
(*no mesmo tom*)
Pelo Sr. Dr. Godofredo de Alencar.

GODOFREDO
Ah! bem. Com respeito vou...

EVA
Pelo rei da Crônica.

GODOFREDO
Já não vou.

EVA
(*terna*)
Pelo amiguinho da pequena Eva... Não! Não! o Dr. Jorge não vem.

JORGE
Eu sei. Anda uma partida contra mim.

EVA
Pretensioso!

JORGE
Eva!

EVA
Ora que mania! Eva! Eva! A cada momento este homem diz o meu nome! Parece até desaforo...

JORGE
É que o seu nome não podia ser outro... Eva!

GODOFREDO
Tranqüiliza-te, Adão. Pedirei a Eva por ti...

(*Riso dos dois. Nisso irrompe uma canção italiana ao longe e o parque se ilumina do clarão de um fogo-de-bengala. Os dois saem.* PRATES *e* DE GRANT *já desceram.*)

SOUZA PRATES
(*de relógio na mão*)
Que lhe dizia eu? Meia-noite e um quarto. *Ils sont dressés*, hein?

JORGE
Mas era para as onze e meia.

SOUZA PRATES
Você esquece que está no Brasil! Quando no Brasil as coisas não ficam para amanhã, já é admirável. Quando demoram só três quartos de hora, são imediatas.

DE GRANT
Charmant! vraiment charmant! Jamais en France j'ai vu une serenade si bien réussie.

JORGE
O admirável é como os trabalhadores se prestam.

SOUZA PRATES
É até um divertimento. Depois pago-os. Conheço bem a situação desses colonos. E sou enérgico sendo bom. Mantenho a tradição dos velhos Prates, que não descendem com o Conde Roxoroiz de Hugo Capeto, mas têm o sangue que se bateu nas cruzadas.

JORGE
Em qual?

SOUZA PRATES
Houve muitas?

JORGE
Várias.

SOUZA PRATES
Os meus bateram-se, com certeza, em todas!

DE GRANT
Épatant! Vraiment épatant!

SOUZA PRATES
Mas vejamos, venham ver...

(*Sobem os três. A canção terminou. Palmas. Outra canção dolente que tem estribilho.* ESTER *desce, seguida do* CARLINHOS.)

CARLINHOS
Mas que é isso?

ESTER
Não quero mais brincadeiras com você!

CARLINHOS
Mas se eu não fiz nada!

ESTER
Andou cochichando com Eva.

CARLINHOS
Oh! Ester! Você, uma menina elegante, com essas coisas de brasileira!

ESTER
Brasileira? Vem para cá com essa cantiga. Todas as mulheres são brasileiras quando não admitem desprezos.

CARLINHOS
Ah! ele é isso? Não lhe ensino mais nem o tango nem o *football*. E corto relações.

ESTER
Que me importa!

CARLINHOS
Tenho muita culpa em ter prestado atenção a uma criança das selvas americanas!

ESTER
Felizmente deixei um pedante da tua ordem!

CARLINHOS
(*agarra-a*)
Já! peça perdão.

ESTER
Peça você.

(*Neste momento Eva grita na varanda: "Cantemos o estribilho! Todos!" Vê-se que ela rege os cantores. Cantoria desafinada.*)

CARLINHOS
Em que língua?

ESTER
Em qualquer.

CARLINHOS
Pela última vez, ouviu? *I beg your pardon, sweetheart.*

ESTER
(*exigente*)
Não quero. Quero em brasileiro.

CARLINHOS
Você exige demais.

ESTER
Diga, ou não faço as pazes...

CARLINHOS
Seja. Mas ensine. Só ensinando.

ESTER
(*como se ensinasse o padre-nosso na algazarra que vem da varanda*)
Perdoe...

CARLINHOS
Perdoe.

ESTER
Ao seu...

CARLINHOS
Ao seu.

ESTER
Benzinho...

CARLINHOS
Que língua! Parece cana-de-açúcar! (*com esforço*) Benzinho...

ESTER
Que não tem culpa...

(*Mas não continuam. Entram todos os personagens ao fim do coro, rindo. Ruidosos.*)

DE GRANT
Mais c'est gai!

SOUZA PRATES
Comme à Venise...

ADALGISA
Sous le tunnel du Grand Canal...

MARTA
Eva! Mas é de força.

BARÃO
Brevemente estréio no Municipal. Nunca pensei!

GUIOMAR
E até o Dr. Jorge cantou.

EVA
Mas não entoou.

JORGE
A culpa não é minha.

JERÔNIMO
E o Godofredo, que cantou em falsete?

GODOFREDO
Nesta época de falsificações seria um descrédito dar notas que não fossem falsas.

SRA. AZAMBUJA
(*a Ester e Carlinhos*)
E vocês não cantaram?

BARÃO
Estavam ensaiando outra cantiga.

SOUZA PRATES
Bem, meus senhores. Vamos ao *pocker*?

JERÔNIMO
Eu tenho tanto que escrever que pediria dispensa...

DE GRANT
Si vous le permettez, Mr. le Comte, je fais relache. Tellement fatigué.

CARLINHOS
Eu também vou escrever.

GODOFREDO
Se o menino vai escrever, então eu tenho de descrever a festa!

SOUZA PRATES
Mas que é isso? Fico sem parceiros para o *pocker*?

BARÃO
E se não fizeres questão, também eu aproveito e vou dormir...

(*Expectativa geral sorridente.*)

SOUZA PRATES
Não! aqui anda coisa. Até o barão. Que maquinam vocês?

OS HOMENS
Nada! Nada!

SOUZA PRATES
(*numa súbita inspiração, agarrando Eva*)
Venha cá a menina.

EVA
Eu? Coitadinha de mim! Nada tenho com isso. Que homens!

SOUZA PRATES
Confessa ou corto-lhe o doce à sobremesa.

####### EVA
Juro.

####### SOUZA PRATES
Confessa ou não ganha um bonito...

####### EVA
Je vous jure, comte!

####### SOUZA PRATES
Confessa ou tranco-a no quarto, desde esta noite.

####### EVA
Ah! isso não! Defendam-me!

####### TODOS
Não pode! Não pode!

####### SOUZA PRATES
Silêncio, senhores, estamos no Tribunal. Se a menina confessar, tem tudo quanto quiser e o perdão.

####### EVA
Você perdoa?

####### SOUZA PRATES
Diga.

Eva
É que vamos todos ao curral de madrugada trazer as vacas a acordar vocês. Pronto! Feio!

Souza Prates
Liquidado o meu *pocker*.

Eva
Perdão!

Todos
Perdão! Perdão!

Godofredo
Até parece o "Quo Vadis?"

Souza Prates
Pois bem. Perdôo. E condeno os trânsfugas a jogar amanhã o dia inteiro – desde que voltem do curral...

Barão
Salvo seja!

Todos
Apoiado! Barão!

Adalgisa
E agora vamos dormir... É 1 hora da noite!

BARÃO
Durmamos.

ESTER
Você vai às vacas?

CARLINHOS
Jamais de la vie. Que pensa você de mim?

GODOFREDO
Beijo então as mãos da dona que tão maravilhosas horas proporciona aos seus hóspedes.

(*Cumprimentos, beijos. Vão saindo aos poucos.*)

SRA. AZAMBUJA
Vamos, Eva...

EVA
Não, mamã, eu ainda levo Adalgisa.

SRA. AZAMBUJA
Acabas por aborrecer Adalgisa. Toda noite vais deitá-la...

ADALGISA
Que tem isso, se me dá prazer?

Eva
É o meu *flirt*. Vou só dar-lhe a boa-noite. Deita-te, que não tardo.

Sra. Azambuja
Olha que eu espero.

Eva
Dormindo, como toda noite!

Sra. Azambuja
Se repetes, vais já.

Eva
Não, mãezinha do coração. (*beija-a*) Até já!

(*A Sra. Azambuja sai. O* hall *está deserto.*)

Eva
(*saltando ao pescoço de Adalgisa*)
Vou contar-te uma porção de coisas, meu amor!

Adalgisa
Qual! Estou morrendo de sono... Dez minutos só...

(*Saem as duas enlaçadas. Silêncio. Entra* Doval, *que apaga o lustre central. O luar domina a varanda, chega mesmo ao hall.*

Na varanda aparece JORGE, *que se encosta a uma coluna. Minutos depois Eva sai dos aposentos de Adalgisa. Atravessa rapidamente a cena e tem um susto, porque ouve uma voz surda. Volta-se.)*

JORGE

Boa noite.

EVA

Ah! que susto!

JORGE

Não contava comigo?

EVA

Agora não. (*procurando firmar-se*) Está vendo a lua?

JORGE

Estava a esperá-la.

EVA

Obrigada pela gentileza. Até amanhã. Temos que acordar cedo.

JORGE

Fique um instante.

EVA

Boa noite.

JORGE
Peço-lhe...

EVA
Mas pelo que vejo, Jorge, você perde a noção das coisas.

JORGE
Que noção?

EVA
(*nervosa*)
Não posso mesmo compreender que tenha estado aí de emboscada para flertar comigo à 1 hora da manhã. Não fica bem para um engenheiro conservador e respeitador.

JORGE
Tranqüilize-se. Por que está tremendo?

EVA
Eu estou tremendo?

JORGE
Com toda a sua coragem.

EVA
Tremendo de quê? O Sr. mente. Creio que não me vai faltar ao respeito.

JORGE
Oh!

EVA
Acha que devo tremer de cólera pela sua ousadia?

JORGE
Pelo amor de Deus.

EVA
Acha que tremo da sociedade, diante desse seu ato?

JORGE
Fale baixo.

EVA
Falo alto.

JORGE
Por quem é, Eva, perdoe! Não a quis magoar. Esqueçamos a minha palavra. Mas escute-me...

EVA
Meu caro engenheiro, quer saber? Acho-o lamentável...

JORGE
Por isso mesmo contava com outra coisa...

EVA
Contava com quê?

JORGE
Que tivesse pena de mim, pela derradeira vez; que me ouvisse...

EVA
Sobre a sua paixão?

JORGE
Sobre a nossa vida.

EVA
O senhor a dar-lhe!

JORGE
É um desgraçado que lho pede.

EVA
Amanhã. Fica para amanhã. Boa noite.

JORGE
Não há mais tempo, amanhã.

EVA
Hein?

JORGE
Parto amanhã cedo, irrevogavelmente – para não voltar mais.

EVA
(*irônica*)

E Goiás?

JORGE

Goiás é uma terra irreal. O meu Goiás é a senhora. Depois não fala em prova de amor, em sacrifício? Faço-lhe esse logo e depois o da minha vida.

EVA

São dois, é muito.

JORGE

É nada – porque nada sou. Mas por quem é, Eva! Admito a sua excentricidade, admito a sua desconfiança, admito o seu ar viajado. Mas por isso mesmo, assim como eu a descobri no primeiro momento, sem nunca ter andado tanto, assim como eu a entrevi: sincera, boa, leal, pura, amiga, não é possível que não tenha visto em mim mais do que o engenheiro de Goiás ao serviço do Prates, não é possível que não tenha visto alguém que não é fátuo, nem cético, mas um homem, simplesmente um homem com o coração a sangrar.

EVA

Quer obrigar-me a ver muita coisa!

JORGE

Não! Não quero obrigar, mesmo que veja. Não peço, mesmo porque tenho a certeza de que já viu. Oh! não sorria. Falham-me pretensões ridículas. Não pretendo ser nem mais inteligente nem mais brilhante. Pretendo ter um coração. Um coração!

EVA

De que tamanho?

JORGE

Do tamanho da sinceridade! Não faça ironias; elas doem-me. Não faça frases; elas entristecem-me. Não pense mal de mim. Eu não poderia pensar um momento mal a seu respeito. Toda a minha alma, todo o meu pensamento são espelhos encantados da sua imagem. Não quero também que aceite o meu amor. Peço apenas que ouça-o dizer-lhe a minha angústia imensa.

EVA

É o que estou a fazer.

JORGE

Porque vê o meu sofrimento, porque tem pena. Eu sinto não lhe poder dizer de chofre este sentir impetuoso como as quedas-d'água e os montes que ruem. Ah! Eva. Tenho trinta e dois anos. Estudei, trabalhei. As mulheres passaram por mim; eu passei pelas mulheres. E não as vi. É como se não as tivesse visto. Só compreendi que as não vira quando a encontrei. Foi assombro, foi espanto, foi revelação, foi dor, foi o amor. Sim! eu amo-a, eu adivinhei-a.

EVA

Está bem certo?

JORGE

Amor é revelação e é eternidade para as almas sem mentira. Adivinhei-a e não a temi. Entreguei-me, infiltrei-me. A cada momento o meu cérebro pensa o seu nome, a cada momento o meu sangue lateja a sua lembrança, a cada momento o meu coração a chama, a cada momento todo o meu ser grita por si! Cheguei ao trágico instante de cada homem. A existência não a vejo mais eu só. Por mais que almeje dominar-me é impossível. Só compreendo o futuro com a senhora, com a companheira, com a felicidade, com o sol. Se a tivesse seria capaz de tudo – das maiores obras, como dos maiores crimes, do horror como da glória. Por que me possuiu assim? Por que dominou assim? Por que me fez seu assim? É desesperador! Sei que me afasta. Quero-a cada vez mais. E vou como uma ruína incendiada. Projetos, idéias, trabalho, tudo por terra! Já não sou um homem, sou uma pobre coisa. Com os braços, com as mãos, com o coração partidos! Incapaz! Incapaz de desejo insofrido, de ardor incompreendido, de amor, só de amor!

EVA
(*rouca*)
Não grite!

JORGE
Sossegue. Falo baixo. Pela última vez... Era o que queria que ouvisse, é o que eu sinto desde que a vi, é o que sempre fugiu de ouvir.

EVA
Não fugi...

JORGE
Sempre! com tanta precaução que me julgo pior, muito pior que os outros. (*com raiva*) E entretanto nas suas decantadas viagens, nas declarações de que possa ter sido vítima em Paris, na Itália, na Argentina, na China...

EVA
Nunca estive na China, meu amigo...

JORGE
No inferno; pode ter a certeza de que não encontrou, não encontrará ninguém que a queira tão nobremente, como eu a quero, como eu

a estimo, nos seus defeitos e na sua beleza, como eu a amo no seu coração.

EVA
Por que dizer que conhece o meu coração?

JORGE
Porque já agora é uma sombra que fala.

EVA
É paixão. Passa. Vai ver.

JORGE
E por que neste derradeiro momento não ter franqueza, não dizer que me evitou?

EVA
O senhor atordoa-me.

JORGE
Não tenha dó, diga. Por que não me amou?! Já sei! Por que se defende? Já sei! Por que não acha ninguém digno de si?... Por que é indiferente?

EVA
Não! mas não!

JORGE
Para que consolar e ver-me partir? Seja, Eva, apenas Eva.

Eva

Mas quero falar. Quem lhe disse que sou indiferente e não julgo ninguém digno de mim? Não, Jorge. É que eu tenho visto, é que eu compreendi.

Jorge

É que leu o filósofo chinês.

Eva

É que tenho medo, tenho medo, muito medo...

Jorge

Por orgulho! por vaidade!

Eva

Pelo pavor de dar o meu coração para vê-lo desprezado ou o dar a quem não o tenha compreendido. Oh! não fale. Evitei-o. Evito-o. É verdade. Não se aflija. O senhor é digno. Falo sinceramente. Evitei-o, por medo. Eu sou talvez criança. Mas o meu sonho de amor é uma grande união, como se contam nas lendas, o abraço para a eternidade sem dúvidas, sem suspeitas. Coração no coração. Esse amor só se faz de sacrifício, de grandes provas. O Sr. Jorge surge como uma fogueira. Mas será toda vida? Não será? Tenho medo. Mais medo do Jorge que dos outros.

JORGE
Mas diga-me o que quer. Mande. Eu provarei que a amo e que a minha paixão é por toda a vida porque não penso na vida e vivo de paixão.

EVA
Não me atordoe! Não me atordoe!

JORGE
Porque a minha vida decorrerá do seu gesto como brotam os rios das fontes puras, porque o meu coração abrirá em calma, porque eu só quero, só peço, eu só imploro viver no seu perfume, o perfume da rosa, o perfume de todas as rosas.

EVA
E se eu fosse má?

JORGE
Eu seria mau.

EVA
E se eu fosse infame?

JORGE
Continuaria a amá-la.

EVA
E se eu lhe exigisse o maior crime?

JORGE
Mande!

EVA
(*debatendo-se*)
Não me conhece, Jorge!

JORGE
Amo-a.

EVA
Não me tente ao mal!

JORGE
(*quase a envolvê-la*)
Amor!

(*Mas entra da mata um chilreio de pássaros. Os dois param atônitos. Estavam quase juntos.*)

EVA
Meu Deus! os pássaros. É madrugada!

JORGE
(*corre à varanda*)
Não, apenas três horas. Os pássaros madrugam.

EVA
Pensam que a lua é o sol...

JORGE
Ou chamam o dia...

EVA
É a saudade da aurora. Como está linda a noite! E tão sossegada e tão azul. Que silêncio! É como um grande grito que não se ouve...

(*Os pássaros continuam a chilrear.*)

Mas é madrugada! não! Não posso mais ficar. Que fez o senhor, hein?

JORGE
Eva, como está linda! como está linda! É como a noite azul, donde surge a aurora de rosas. Eva, tenha piedade, responda. Já me ouviu. Decida da minha sorte. Devo ficar, devo partir...

EVA
Silêncio! Não vá acordar alguém.

(*Vai nas pontas dos pés para a porta, olhando o luar. Os pássaros chilram. Está à porta.*)

JORGE
Eva, devo partir amanhã?

EVA
(*baixo*)
Sim...

JORGE
(*desespero*)
Eva! Eva! eu parto amanhã para sempre!

EVA
(*sorrindo, à porta*)
Psiu! (*pausa*) Sim! Depois de amanhã... sem falta!... (*desaparece*)

(*E o pano desce enquanto Jorge, entre o riso e o choro, a raiva e o encanto, cai sobre o divã, no pleno luar, murmurando: Eva! Eva!*)

ATO TERCEIRO

(Às onze horas do dia seguinte. O aspecto é de agitação geral, dessa agitação subitânea de que parecem participar os objetos. Não houve aliás limpeza. O aspecto da agitação talvez seja apenas desarrumação. Retinem campainhas. Passam dois homens pela varanda apressados. Estão a falar GODOFREDO *e* DOVAL.*)*

GODOFREDO
Rien de nouveau?

DOVAL
Rien, monsieur.

GODOFREDO
Et madame?

DOVAL

Elle est en train de causer avec le commissaire. (*a campainha persiste*) *Vous permettez, monsieur?*

GODOFREDO

Certamente... (*súbito*) Mas ora bolas! escute cá. Você é francês?

DOVAL

Não, senhor; sou português.

GODOFREDO

E por que diabo obriga o próximo a falar francês?

DOVAL

São ordens.

GODOFREDO

Pois comigo não torne, ouviu? Estou farto de lérias!

(*Entra* JORGE. *A campainha retine. Doval precipita-se.*)

JORGE

Mas que é isso? zangado?

GODOFREDO

Não é para menos.

JORGE
Alguma coisa de novo?

GODOFREDO
Diga-me cá: donde vem você?

JORGE
De passear. Eva falhou a visita ao curral e eu fui dar um longo passeio a pé pelos cafezais.

GODOFREDO
Romanticamente? Pois enquanto o senhor bucolizava, eu assistia a uma tragédia ridícula e atroz.

JORGE
Que há?

GODOFREDO
Há que roubaram esta madrugada o colar de pérolas de Adalgisa!

JORGE
Mas não é verdade!...

GODOFREDO
Tudo quanto há de mais verdade.

JORGE
Esta madrugada?

GODOFREDO
Esta madrugada ou esta noite. O certo é que roubaram!

JORGE
Saltaram a janela?

GODOFREDO
Sei lá! O fato é que roubaram e não há vestígios.

(MARTA e GUIOMAR *entram.*)

MARTA
Ah! Godofredo, que horror!

GODOFREDO
E Adalgisa?

GUIOMAR
Continua nervosíssima. Quer agora guiar as diligências. Chora.

JORGE
Mas não há uma pista? Não se sabe nada? Quem teria sido?

MARTA
Principalmente a imprudência. Não se deixam por cima dos móveis jóias daquele valor!

(*Entram* o Barão Lopes *e* Carlinhos Pereira.)

Carlinhos
Bom dia!

Barão
Que ar é esse?

Guiomar
Ainda não sabem?

Godofredo
Qual! Aqui ninguém sabe nada...

Carlinhos
Como havemos de saber, se chegamos de passear?

Godofredo
Isto é um passeio geral! Todos passeiam.

Marta
Roubaram o colar de pérolas de Adalgisa!

Barão
Hein?

Carlinhos
Como?

JORGE
Apenas!

GODOFREDO
E nada menos agradável para todos nós.

BARÃO
Temos a repetição da cena tristíssima do ano passado.

GODOFREDO
Desagradabilíssima e com acréscimos. Souza Prates tomou desta vez providências.

CARLINHOS
Quais?

MARTA
Telefonou imediatamente a Ribeirão Preto que mandou um destacamento de polícia em carroção automóvel e alguns agentes. O próprio delegado veio e já iniciou as diligências.

JORGE
Acho que Prates fez bem.

BARÃO
Uma jóia de duzentos contos!

GUIOMAR
Coitada da Adalgisa! Sabem que ela teve um sonho avisador? Pois acordou às 7 horas e cor-

reu logo a ver o colar. Imaginem o momento angustioso!

MARTA
O delegado deu ordem para que ninguém saia da fazenda. E diz que em vinte e quatro horas restitui o colar!

CARLINHOS
Como o diamante.

GUIOMAR
Nesse tempo o delegado era outro.

GODOFREDO
E os delegados sucedem-se, mas não se parecem. Esse é *dandy*; aplicando à ciência do imediatismo: o atracão no descobrimento.

(*Entra a* SRA. AZAMBUJA, *aflita, e pouco depois* JERÔNIMO.)

SRA. AZAMBUJA
Todos os colonos surpreendidos no trabalho e as casas revistadas, meus filhos!

MARTA
São as ordens...

SRA. AZAMBUJA
Creio que também se procederá a revista aqui.

Barão
Aqui?

Carlinhos
Mas é um vexame!

Marta
É angustioso.

Godofredo
Muito desagradável. (*a* Jerônimo *que entra*) Que novidade temos?

Jerônimo
Venho de assistir à interrupção do trabalho para revistarem os colonos. Impressão de pasmo e de fúria. Um deles diz que se vai queixar ao Patronato. Fez um discurso. As coisas tomam proporções muito pouco interessantes.

Sra. Azambuja
É lá possível que seja um deles! O roubo foi de gente de casa!

Marta
Madame Azambuja dá razão ao delegado...

Jorge
E creio que tem razão.

(Eva *entra. Grande tristeza.*)

EVA
Bom dia, meus senhores!

MARTA
Adalgisa um pouco melhor?

EVA
Mais nervosa. Quer ir com os agentes.

GODOFREDO
Perdeu a cabeça!

(*Sai com Carlinhos e Guiomar.*)

EVA
Perdeu duzentos contos.

BARÃO
E na vida só há uma coisa séria para todos: o dinheiro.

EVA
Não posso mais acompanhá-la, estou extenuada.

JORGE
Não se comova tanto.

EVA
Era o senhor que dava opiniões sobre o roubo?

JORGE
Concordava com sua mãe.

MARTA
Eu juro que é gente de casa. E que o roubo foi de madrugada.

EVA
Por quê?

SRA. AZAMBUJA
Porque deixaste tardíssimo o quarto de Adalgisa...

EVA
Não digas tolices, mamãe. Não demorei um quarto de hora com Adalgisa. Tu dormes e vês as horas errado. Dr. Jorge, concorda também que fosse de madrugada?

JORGE
É difícil dizer, minha senhora...

(*Guiomar e Godofredo voltam.*)

GUIOMAR
O delegado vareja todos os pontos da fazenda. Vai com certeza chegar o momento dos nossos aposentos.

MARTA
Souza Prates não consentirá.

GODOFREDO
Por que não? É muito melhor. Sou até de opinião que devemos obrigá-lo a essa espécie de corrida. Nada de suspeitas. Eu prefiro que me chamem só a mim de ladrão a ser suspeitado de roubo com mil pessoas mais que mutuamente se suspeitam. Não concordam comigo, os senhores?

JORGE E JERÔNIMO
Naturalmente.

BARÃO
Eu acho que os crimes deviam ser punidos pelo que deles fica aos outros, de aborrecimento.

GODOFREDO
É um belo pensamento, mas que nada adianta. A questão é sairmos todos desse horror, limpos...

Eva
Como você exagera!

Godofredo
Acha?

Eva
Pensemos um pouco na dor de Adalgisa!

Godofredo
De acordo. Mas desejando que nos revistem todos.

Marta
É estúpido isso!

Sra. Azambuja
(*à porta, saindo com Marta*)
É uma grosseria.

Godofredo
A polícia é sempre grosseira. Está nisso a sua única razão de ser.

Eva
Qual a sua opinião, Dr. Jorge?

Jorge
A sua, Eva.

EVA
Sempre?

JORGE
Sempre.

EVA
Ainda bem!

(*Entra* SOUZA PRATES, *violentamente.*)

SOUZA PRATES
Bom dia, meus senhores!

BARÃO
Meu amigo.

(*Apertos de mão febris e rápidos.*)

TODOS
Então? Que mais há?

SOUZA PRATES
Desta vez o ladrão é apanhado. Fatalmente. Inexoravelmente. Nada da tibieza do ano passado. Juntarei forças. O caso é gravíssimo...

JERÔNIMO
Trata-se de uma fortuna.

Godofredo
E da nossa reputação – da de todos nós.

Souza Prates
Posso contar com o auxílio dos amigos, neste delicado momento...

Todos
Oh! Prates! Conde!

Godofredo
Nós é que contamos sofregamente com você.

Eva
Godo, a sua irritação parece pouco razoável.

Godofredo
E que tem a menina com isso?

Jorge
É que devemos ter pena em vez dessa raiva.

Souza Prates
E não há motivo algum.

Godofredo
Estamos aqui entretanto como a mulher de César apelando para César.

Barão
Você é doido!

Jorge
É de resto a minha opinião!...

Eva
É?

Jorge
Acha que é possível ter outra?...

Jerônimo
Mas enfim que providências tomaram?

Souza Prates
Adalgisa acordou cedo e correu a ver o colar. Não o encontrou. Acordou-me. Não perdi um segundo. Exigi segredo, e telefonei para Ribeirão Preto, pedindo força e explicando o fato ao delegado. Foi às 7 da manhã. Às 10 já tinha a polícia e vários agentes. Ninguém saiu da fazenda. Não faltava uma pessoa. O delegado é inflexível e fez com os agentes um reconhecimento geral.

Barão
E sua mulher?

Souza Prates
Nervosíssima. Nunca pensei. Uma exaltação. Lá partiu com os amigos e um dos agentes, a visitar as casas dos empregados. Mas, meus amigos, não sei se conhecem as resoluções do Sr. Antônio da Maia, o delegado?

GODOFREDO
São excelentes.

JORGE
Para todos.

SOUZA PRATES
Meus amigos, é um incidente que deploro muito. Vale antes submetermo-nos à exigência da autoridade. É horrível. Peço-lhes desculpas.

JERÔNIMO
Mas de quê?

BARÃO
Esse Maia não é um pequeno pretensioso filho dos Maia de Campinas?

GODOFREDO
É um Maia, barão, que nos tem na mão. E basta.

EVA
Souza Prates, escute. Tenho vontade de chorar. Não abandone Adalgisa. Ela vai ter alguma coisa. Oh! meu Deus!

JORGE
Eva, coragem. Não me desespere.

BARÃO
Que é isso, menina?

(*Entra a* SRA. AZAMBUJA. *O* DR. ANTÔNIO
DA MAIA *está à porta.*
É o jovem paulista, de boa família, bem
vestido, que inicia a carreira política na
polícia. Tom de superioridade, de quem não
quer ser discutido.)

SRA. AZAMBUJA
Lá se foi Adalgisa! Conde, o delegado que lhe quer falar...

SOUZA PRATES
Então, meu caro amigo?...

MAIA
(*que entra*)
Ainda nada. Como lhe disse, porém, dentro de vinte e quatro horas terá o seu colar. Conde, esquece de apresentar-me...

SOUZA PRATES
Oh! perdão. Meus amigos, o Sr. Dr. Antônio da Maia, autoridade, o barão Lopes, o engenheiro Jorge Fontoura, o literato Godofredo de Alencar.

(*As apresentações seguem-se como se estivessem*
num baile, depois da dinamite.)

BARÃO
É da família do conselheiro Maia de Campinas?

MAIA
Com efeito. Muita honra. Alguns já tenho o prazer... Pois como dizia ao conde Prates: a moderna escola de investigação criminal não pode encontrar dificuldades na descoberta de qualquer crime. Adotamos métodos de cura, diversos, múltiplos, mas sempre de êxito. Somos bem os médicos sociais, os operadores das avarias da sociedade.

EVA
Temos, além do colar perdido de Adalgisa, um romance de Conan Doyle...

MAIA
Oh! *mademoiselle*, por quem é. Não se trata de romances, porque não há mistérios. A ciência afasta o mistério. Estimo ver entre os presentes o ilustre cronista fluminense Godofredo de Alencar...

EVA
Sempre o prestígio da imprensa...

GODOFREDO
Oh! Sr. da Maia...

Maia
Como não ignora, a polícia do Rio deixa, neste ponto, muito a desejar.

Godofredo
Não temos polícia, temos uma dependência política, é verdade. Mas de fato, esse serviço seria inútil no Rio, porque temos um serviço natural: o da delação sem responsabilidade.

Maia
V. Exa. verá, não a minha capacidade pessoal, mas a segurança, o aparelhamento da polícia de São Paulo.

Godofredo
Os jornais dizem-na admirável.

Barão
É louvada até em Buenos Aires.

Maia
Neste momento, por exemplo, eu estou senhor do colar da condessa Prates.

Todos
Oh!

Souza Prates
Já o achou?

####### Maia

Ainda não. Nada de precipitação. Apenas procedo do geral para o particular, estreitando os círculos. Não foi ninguém de fora da fazenda. Logo o colar está na fazenda. Estou senhor de todos os habitantes da fazenda. Entre esses habitantes está o ladrão, que vai entregar o colar...

####### Sra. Azambuja
Que o ouçam os anjos!

####### Eva
Se o não tiver escondido...

####### Guiomar
Se o apanhar...

####### Maia
Confio muito na opinião das senhoras. Devo dizer-lhe, porém, que eu vou gradativamente apertando os círculos. O ladrão confessa porque eu vou até ao ladrão.

####### Barão
(*a Godofredo*)
Parece-me de força o Maia.

####### Godofredo
A mim parece-me idiota.

Maia

Depois todos os senhores vão ter a bondade de auxiliar-me. As dependências da fazenda estão vigiadas. Esta casa também. Por todos os lados. Não entra nem sai ninguém sem ser revistado. Vamos que o ladrão seja um doméstico, conhecedor dos hábitos internos. Por isso mesmo, é certo que a esta hora perdeu a cabeça. E não inventará algum truque para se salvar? Eis por que, temendo a criadagem, falei ao conde e agora repito-lhes o meu pedido de uma visita aos aposentos de cada um. É apenas a formalidade científica. Sou um *gentleman*. Parodiando, porém, o célebre verso, a polícia tem razões que a razão não conhece. E desejaria também, para, no caso de não se descobrir o ladrão, ficar nítida a reputação de cada um...

Jorge
A ficha antropométrica?

Maia
(*calmo*)
A simples notação dos valores de cada um.

Godofredo
A revista!

Eva
O Dr. Maia vai revistar-nos?

Maia
Mademoiselle...

Eva
Vamos entrar num compartimento para o exame?

Souza Prates
(*vexadíssimo*)
Eva! Meus senhores, peço-lhes ainda uma vez desculpas.

Maia
Não! Não! *Ne nous emballons pas.* Uma simples inspeção geral à vista de todos. Noto a Vossas Excelências que não há da minha parte a sombra de uma suspeita, que seria idiota. Há o desejo de deixar limpa uma situação, penosa decerto para todos. O roubo deu-se sem que houvesse violência. O ladrão entrou por aquela porta e tomou o colar que o descuido de *Madame* Prates deixara no toucador.

Jorge
(*cada vez mais nervoso*)
Acho que não devemos fazer esperar o Doutor Maia.

Eva
O ladrão aproveitou-se da noite?...

MAIA
Ou da madrugada. Às 7 horas da manhã já a Sra. condessa não tinha o colar. O meu processo aqui é rápido: o ataque subitâneo. Varejamento geral. Vistoria geral. Interrogatórios sucessivos...

EVA
Antes do interrogatório, é melhor pormo-nos a limpo.

GUIOMAR
Para poder partir.

MAIA
V. Exª não tem razão para se irritar.

JERÔNIMO
Guiomar, esteja calma.

SRA. AZAMBUJA
Vamos então correr os quartos.

SOUZA PRATES
Minhas senhoras, meus senhores, eu não sei o que diga...

GODOFREDO
Não diga nada. O silêncio é de grande efeito. Vamos.

MAIA
Estou às ordens. Será apenas uma visita detalhada à magnífica vivenda do conde.

GUIOMAR
Mas tudo isso é absurdo!

BARÃO
Absurdo e natural.

GODOFREDO
Como todos os absurdos que se realizam. Temos que sair daqui sem suspeitas. Esse idiota não encontra o colar, mas presta-nos um serviço!

BARÃO
E Prates perde duzentos contos!

MAIA
(à porta, gentilíssimo)
Minhas senhoras. Obrigado. Não. *After you, misses...*

(*O grupo sai pela porta do lado dos apartamentos gerais, que ficam em face dos dos Condes de Prates. Confusão um momento. Jorge é o último a aproximar, e quando vai desaparecer, Eva agarra-lhe o braço. Surpresa.*)

EVA
Chut! Escute, Jorge, escute.

Jorge
Que tem?

Eva
(*mudada, olhos rasos, ar trágico*)
É bem verdade o que disse ontem?

Jorge
(*atônito*)
Não minto nunca. E tenho a alma radiante.

Eva
É bem verdade que me ama?

Jorge
Mas, Eva, está nervosa!... Que tem?

Eva
Diga-me: mantém os seus juramentos?

Jorge
Está aflita. Nunca a vi assim!

Eva
Diga-me: mantém os seus juramentos?

Jorge
Mas que há? Mantenho, já lho disse.

Eva
Jorge! Jorge!

JORGE

Eva, vejo-a sofrer. Por mais que estime Adalgisa, esses nervos não podem ser por causa do furto do colar.

EVA

Jorge, eu fugi do seu amor, eu temi, eu não quis, eu não podia querer porque o estimava muito, porque o achava muito digno e muito reto... (*rebenta em soluços*)

JORGE

Pelo amor de Deus, fale!

EVA

Jorge, só o senhor me pode salvar. Apesar de tudo, só vejo a si para salvar-me.

JORGE

Mas fale claro, diga! Aterra-me!

EVA
(*rouca*)
Fui eu que roubei o colar!

JORGE
(*no auge*)
Eva? (*recua*) a senhora? Você? Mas não minta, Eva! Não é possível. Está jogando uma farsa, a derradeira, quer experimentar um infeliz. Não! Não! (*rindo nervoso*) Pois sim!

Eva
(*implacável*)
Fui eu que roubei o colar!

Jorge
Não brinque, Eva, não brinque...

Eva
Fui eu que roubei o colar!

Jorge
Mas como? Por quê? Para quê?

Eva
Não sei. Desejo, tentação, quase a certeza de não ser suspeitada. Loucura! Loucura!

Jorge
Como? A que horas?

Eva
Na ocasião em que ela o deixou no toucador, ontem, à noite...

Jorge
Meu Deus!

Eva
Talvez me arrependesse. Eu gosto tanto de Adalgisa!... Mas o seu encontro, a sua conver-

sa... Acordei tarde, com a polícia já aí. Não tive mais coragem – porque não era mais possível passar por brincadeira. Como eu sofro!

JORGE
Ontem à noite tinha o colar!

EVA
E ouvi-o, e escutei a sua paixão. Era tal o meu medo que não pude resistir. Eu só temia que gritasse, que viesse gente, que Adalgisa acordasse...

JORGE
Mas é horrível! horrível!

EVA
Tenha pena de mim!

JORGE
É possível que me tenha enganado? É possível que o ser a quem erigi um altar seja assim? Não! Não!

EVA
Jorge, não há tempo a perder. Vejo a situação clara. Vejo-a como se estivesse no outro mundo. A visita aos aposentos não dará nada. A revista será depois. É preciso calma. (*mordendo o lenço*) Calma! Jorge, quer salvar-me?

JORGE
Mas onde está o colar?

EVA
Comigo, aqui! (*bate no peito*)

JORGE
Não é possível. Eva! Não me mate, não minta!

EVA
Salve-me, Jorge!

JORGE
Mas jogue para um canto esse horror! Largue isso...

EVA
Para ser encontrado pela polícia! Para nos interrogatórios ficar sabido que eu fui a última pessoa a estar com Adalgisa?...

JORGE
E que eu estive depois consigo! Deus do céu! Um roubo!

EVA
Só o Senhor pode salvar-me! Esta madrugada jurava um sacrifício por amor... Oh! eu sei que não pode mais ser amor... Mas atenda-me! atenda-me! Com desprezo! Com asco! Com ódio! Mas atenda!

JORGE
Uma ladra! uma ladra o meu amor!

EVA
Não há tempo a perder! Jorge! Jorge!

JORGE
Que tremendo horror a senhora ocultava! E foi a minha perdição!

EVA
Jorge, salva-me ou não?

JORGE
Por quê?

EVA
Porque eu arrebento a cabeça no primeiro portal.

JORGE
Ruína de minha vida... dor... Dê-me a jóia. Eu direi que fui o ladrão.

EVA
Não! não quero isso! Não! Quero apenas que seja o primeiro a ser revistado. Depois passar-lhe-ei o colar.

JORGE
Obriga-me a uma cumplicidade...

EVA
Que terá começado ontem à noite, se a polícia vier a entrar em interrogatórios.

JORGE
Eva!

EVA
Foi a fatalidade. Mas juro, Jorge, juro por tudo, pelo que me inspirou, juro que restituirei a jóia, como jamais na vida se me apagará da alma a sua figura. Jorge! Jorge! (*soluça*)

JORGE
Mas não! mas não! Pelo amor de Deus!

EVA
Silêncio ou perde-me! (*voz que procura ser natural*) Pobre Adalgisa! Mas acredita, Jorge, que o Dr. Maia descubra o colar dentro de vinte e quatro horas? Que alegria seria!...

(*É que há o rumor das vozes ao entrar no hall. Voltam o* SR. DR. MAIA, SOUZA PRATES, BARÃO LOPES, JERÔNIMO, GODOFREDO, GUIOMAR, SRA. AZAMBUJA, MARTA.)

MAIA
(*a Eva*)
Vai ter essa alegria.

Eva
Ouviu?

Maia
Ouvidos da autoridade...

Eva
E já descobriu?

Maia
Já, porque tenho a certeza de descobrir.

Barão
Um pouco como Cristóvão Colombo com a América.

Maia
Sem ironia. É verdade. Como o foi a América.

Jerônimo
E o é...

Godofredo
(*a Jorge*)
Mas que tens tu?

Jorge
Nada!

Godofredo
Estás pálido, estás outro.

JORGE
Uma enxaqueca – a maior enxaqueca da minha vida, filho, e a última.

SOUZA PRATES
Não sei como lhes agradecer... Assim, doutor, a sua primeira exigência foi cumprida.

MAIA
Está sendo cumprida. São diligências iniciais. Antes de começarmos a pesquisa. Os meus agentes interrogam o pessoal.

BARÃO
E chega a nossa vez...

MAIA
Um simples princípio igualitário.

SRA. AZAMBUJA
Talvez vexante.

SOUZA PRATES
Por quem é, Sr. Dr. Maia.

MAIA
Conde, sou um *gentleman*. Sem outro desejo senão o de tornar regular uma diligência que precisa ser rápida. O Sr. Conde falou-me do diamante do ano passado...

GODOFREDO
Não haja suspeitas.

EVA
Então, vamos começar?

MAIA
Eu mesmo me encarregarei, sem agentes. Compreendem...

EVA
E Adalgisa?

GUIOMAR
Está com um agente, De Grant, Carlinhos e Ester na casa do jardineiro.

SOUZA PRATES
O jardineiro é, aliás, um tipo insuspeito, de toda confiança.

MAIA
Seria melhor estarmos todos.

MARTA
Vou eu chamá-los...

EVA
O que não impede que o Dr. Maia inicie os seus trabalhos.

MAIA

Trabalhos, *mademoiselle*! Como V. Exa. exagera!

EVA

Vai o Dr. Jorge. Comecem por ele. (*exasperação nervosa*) Eu desejaria que não se tratasse do colar de Adalgisa. Seria tão divertido! Vá, Dr. Jorge! Cuidado, Sr. delegado. Ele tem Goiás dentro do bolso.

(*Jorge aproxima-se maquinalmente, trágico.*)

GUIOMAR

E Jorge que toma o caso a sério!

EVA
(*quase chorando*)
É temperamento...

MAIA
(*ligeiro exame*)
Conheço muito o doutor como engenheiro ilustre. Não fez um concurso na Politécnica? Já de resto nos encontramos certa vez nos chás do Municipal, em São Paulo.

JORGE
(*surdo*)
Talvez.

MAIA
Olhos policiais... Não esquecem nunca. Obrigadíssimo. Mil perdões.

GODOFREDO
Agora eu!

MAIA
Sinto que o ilustre cronista diverte-se.

GODOFREDO
Como nunca...

EVA
(*a Jorge que voltou, dando-lhe o lenço amarrado*)
Tome!

JORGE
Eva!

EVA
Por sua mãe, Jorge. É a minha vergonha...

JORGE
Desgraçada! É toda a minha vida de honra perdida! (*toma-lhe o lenço, febril, quase louco*)

EVA
Basta de homens. Agora é a minha vez.

BARÃO
Com toda a tua pena de Adalgisa, já estás brincando de delegacia.

GUIOMAR
É gênio!

MAIA
Mademoiselle está na idade de rir.

EVA
Devo levantar as mãos para o ar?

(*Mas neste momento chegam* ESTER, CARLOS, DE GRANT.)

ESTER
Que é isto? Mandaram chamar?

SRA. AZAMBUJA
Um simples exame...

SOUZA PRATES
Monsieur le Consul de France.

MAIA
Enchanté de faire votre connaissance, Monsieur.

DE GRANT
De même, Monsieur.

Jerônimo
E Marta?

Carlinhos
Com Adalgisa e o agente na casa do jardineiro, aqui ao lado.

Eva
(*vindo a Jorge*)
Obrigada, Jorge!

Jorge
Tome o seu lenço.

Eva
Guarde-o ainda.

Jorge
É que ele queima. Como o remorso. Como o crime. Como o meu próprio incêndio. Como a desgraça. Tome.

Eva
Guarde-o, Jorge. Ou faça dele o que quiser. Que me importa. A minha vida é sua.

Jorge
Tome o seu lenço, Eva.

Eva
Não.

JORGE
Não! Eu é que não posso, não posso mais. Ou recebe-o ou vou entregá-lo à justiça, agora, já, à vista de todos.

EVA
Vai perder-me!

JORGE
Vou dizer que roubei.

EVA
Não o fará! Não o fará!

JORGE
Lembre-se de que perdeu um homem que a amava.[2]

EVA
Jorge!

JORGE
(*alto*)
Dr. Maia!

EVA
(*grito*)
Jorge!

---

2. Na 2ª edição da peça, lê-se "matou um homem" em vez de "perdeu um homem". (N. do E.)

(*Voz de Adalgisa fora:
Antero! Antero! Antero!*)

SOUZA PRATES
Minha mulher!

(*Precipitam-se todos.*)

JORGE
(*resoluto, alto*)
Dr. Maia, preciso falar-lhe.

(ADALGISA *entra com* MARTA, *a correr pela galeria.*)

ADALGISA
Antero, o colar! Encontramos o colar! Olha-o! Olha-o!

TODOS
Oh! Enfim!

SOUZA PRATES
Onde? Onde? minha filha!

MARTA
Com o jardineiro, num buraco da casa. Já está preso.

MAIA
Que lhes dizia eu?

ADALGISA
O meu colar, minhas amigas! O meu lindo colar... (*rompe num choro nervoso. Todos em torno precipitam-se, consolando-a*)

GODOFREDO
É a crise que eu temia – sem colar!

BARÃO
Felizmente vem com ele. Não há crise de importância com duzentos contos.

JERÔNIMO
Respiro!

SOUZA PRATES
Adalgisa! Adalgisa! Que é isso...

(*Enquanto as senhoras e os cavalheiros esforçam-se, com vidros de sais e consolos em torno das lágrimas felizes de Adalgisa, condessa Souza Prates, Jorge, no primeiro plano da cena, voltou-se para Eva, que caiu numa cadeira olhando-o ardentemente. A sua fisionomia é de espanto, de dor, de cansaço, indizível porque tudo lhe passa pela cabeça. Caminha afastando-se. Volta-se. Desenrola lentamente o lenço. Há dentro apenas o cordão de Eva.*)

JORGE

O sacrifício!...

EVA

Jorge... Jorgezinho... Eu sei que fui cruel... demais... muito. Eu te amava... desde o primeiro dia... eu sou assim... eu seria capaz de fazer por ti o mesmo... Jorge... Jorgezinho... Foi loucura. Foi de ontem à noite... E depois logo o roubo... Passou-me pela cabeça... eu não sou má...

JORGE

Só por brinquedo...

EVA

Não... por amor... porque eu esperava sempre que visses... porque eu queria ter a certeza... Tu deste tudo... a honra... a esperança.

JORGE

Que é isso?

EVA

E eu não quero nada... nada mais... estou arrependida. Que esforço, que dor... podes fazer o que quiseres... ninguém mais pensará em Eva... foi o seu último brinquedo. Mas o meu amor, o meu amor por ti é tão grande que nada no mundo mo fará esquecer... Jorge, Jorgezinho (*ele levanta-se, arrasta-se*) deixa-me beijar a tua mão. (*beija-a*)

JORGE
(*as lágrimas saltam-lhe dos olhos*)
Mulher! Mulher!

GODOFREDO
(*voltando-se e vendo a cena*)
Mas que é isso!

SRA. AZAMBUJA
Minha filha!

BARÃO
É espantoso!

TODOS
Mas que há? tem alguma coisa...

EVA
É que o roubo de teu colar, Adalgisa, me trouxe a felicidade...

GODOFREDO
Qual! Desta vez nem o gatuno foi feliz...[3]

EVA
É que eu vi o coração de um homem. É que eu vi! (*rebenta em pranto*)

---

3. Na 2ª edição de peça lê-se: "Então, desta vez só o gatuno não foi feliz..." (N. do E.)

SRA. AZAMBUJA
Mas que tens? não chores assim. Olha, que me molhas a blusa...

ADALGISA
(*erguendo-se*)
Que tens, Eva?

ESTER
Alguma criançada!

EVA
É que se Jorge não me perdoar, minha mãe, eu vou morrer...

ADALGISA
Mas que fizeste a Jorge?...

EVA
É que eu o amo... muito, muito, loucamente...

GODOFREDO
A verdade inteira da vida! Ela ama-te, Jorge. Perdoa-lhe. Tem sido assim, desde Adão, e todos os trabalhos do homem são por causa de Eva...

Jorge

Mas se eu até agora não fiz nada! Meus senhores, o momento é de tal forma... Eu não sei se Eva aceitaria que eu pedisse a *Madame* Azambuja, a mão de sua filha.

Sra. Azambuja

Mas eu não sei...

Souza Prates

Fale, Jorge. Fale...

Eva

Jorge... (*correndo a ele*) Meu amor! Amo-te...

Barão

Afinal a manhã sempre acabou melhor do que começara...

Souza Prates

Graças a Deus...

Godofredo

(*apontando o par*)
Com a eterna continuação da vida, que custa tanto, mesmo sem colares... Eva...

Barão

E o pobre Adão!

(O pano cai no meio do riso e dos cumprimentos das senhoras e dos cavalheiros. Há rumor. O relógio bate meio-dia. Ainda está batendo, quando o pano se fecha...)

FIM

QUE PENA SER SÓ LADRÃO!

Sainete sobre a lembrança de um conto de
Paul Giaffari

Representada pela 1ª vez a
4 de setembro de 1915, no Teatro Trianon,
do Rio de Janeiro, por
Cristiano e Ema de Souza.

A Cristiano de Souza

PERSONAGENS

O Gentleman
Adriana

Ação: ontem

ATO ÚNICO

(*O quarto de* ADRIANA – *Mobiliário habitual nas pensões denominadas no Brasil "de artistas". É uma pensão meio-termo, de um chique de terceira ordem. Um meio divã. Um meio guarda-vestidos. Um penteador. O leito. Ornamentos de mau gosto, como de costume. O quarto está em desordem. O relógio bate duas horas, na ocasião em que se descerra o pano, para mostrar ao público (se houver público), quadro tão simples. – Um homem elegantíssimo (casaca, peitilho, chapéu-claque,* mac-farlane*) ocupa-se nesse quadro simples a revistar os móveis. Pelo ar correto é senhor de maneiras finas. – Para não dizer cavalheiro (o que não seria elegante), é um* GENTLEMAN. *– Semipenumbra.*)

O Gentleman

Perfeitamente singular. A rapariga dava mostras de ter dinheiro e de ser um tanto avoada. Mas estou a ver que perco o meu tempo. Não há nada. Teria posto o dinheiro no banco como os capitalistas? Que desilusão, a *cocotte*! Tentemos a *coiffeuse*. Quem sabe? (*tira um molho de chaves falsas. Acende o* briquette *para ver melhor*) Sempre custa abrir a gaveta de uma *coiffeuse*! É preferível ler pela manhã os artigos do Leopoldo de Bulhões contra a emissão. Tenho de forçar esta imprudente gaveta... (*neste momento, rumor fora. O gentleman dá um pulo*) Hein? Gente! Se é ela! Se vem acompanhada está o "serviço" estragado! (*olha para todos os lados*) É impossível fugir... Só um grande topete... (*movimento de porta, na qual metem por fora a chave. O gentleman precipita-se, agarra a maçaneta*) É ela mesmo. Coragem! Ganhemos tempo. (*a porta é sacudida*)

Adriana

(*fora*)

Diabo! A porta não abre. Era só o que me faltava!

O Gentleman

Virá só? Virá acompanhada?

ADRIANA
(*fora*)
Diabo! Diabo! Diabo! Isso é coisa da Adelina... Espera aí, Adelina! Adelina!

O Gentleman
Arrisquemos! (*à porta, carinhoso*) Não é Adelina não, meu bem, sou eu...

ADRIANA
(*fora*)
Quem?

O Gentleman
Adivinha! O teu coração... Vens só?

ADRIANA
Não conheço a voz.

O Gentleman
Pudera! (*alto*) Ingrata! Estás só?

ADRIANA
Estou. Abre de uma vez!

O Gentleman
Ó sorte!

ADRIANA
Abre, ou eu grito!

O Gentleman

Entra, meu amor... (*larga a maçaneta. Recua. A porta abre-se violentamente. Adriana entra no escuro...*)

Adriana

Que brincadeira estúpida, José! Uf! Mas que idéia de ficar no escuro... Não disseste que não vinhas hoje? José... José. Basta de pilhérias... (*corre a eletricidade. Luz. Ela olha, recua. Grito abafado*) Ah!... Mas não é o José... Quem é o senhor?

O Gentleman

Quem sou eu?

Adriana

Não o conheço!

O Gentleman

Também não é possível conhecer todo o mundo.

Adriana

Que quer o senhor?

O Gentleman

Que quero eu?

Adriana

Mas fale, responda! Que quer? Como entrou cá? Fale!

O GENTLEMAN
Você pergunta tanta coisa!

ADRIANA
(*olhando o aposento*)
O quarto desarrumado, os armários abertos... a gaveta! Oh! é um ladrão! (*correndo à porta*) Socorro!

O GENTLEMAN
(*fechou a porta, calmo; tapou-lhe a boca*)
Que feio! Uma rapariga inteligente como você a dizer tolices!

ADRIANA
(*debatendo-se*)
Eu grito! Não feche a porta! Largue-me!

O GENTLEMAN
Patetinha!

ADRIANA
Ladrão! Assassino!

O GENTLEMAN
(*larga-a bruscamente. Tom autoritário*)
Ora bolas! Já disse que não seja tola! Faça o obséquio de olhar-me. Tenho o aspecto de um malfeitor? Se fosse um assassino já a tinha pelo menos estrangulado. Ouviu. Idiota!... Vá, grite!

Nunca pensei. Mulher sem educação! Olhe bem para mim. Para esta *claque*. Para este *mac-farlane*. Para estes sapatos. Para este cenário todo. Já viu você malfeitor assim?

Vão lá brincar com as raparigas que julgamos educadas! (*Adriana olha-o sem compreender bem, atônita*)

O Gentleman
(*digníssimo*)

Compreendo a sua surpresa. Você não contava comigo. Mas é preciso compreender que eu também não contava com você. É o que se pode chamar um encontro fortuito. Nada mais. Felizmente está tudo acabado entre nós. Chamar-me assassino, eu que lhe não toquei com um dedo sequer! É muito. Nunca fui tão desconsiderado! (*mete a mão no bolso traseiro da calça pala tirar a carteira dos cigarros*)

Adriana
(*recua*)
Não! Não! Perdão!

O Gentleman
(*furioso*)
Mas que estupidez é essa?

Adriana
O senhor não está armado?

O Gentleman
(*ri, tirando a cigarreira*)
Criança! Decididamente não está em seu juízo!

Adriana
(*menos medrosa*)
Mas eu não o conheço!

O Gentleman
Que importa!

Adriana
Venho encontrá-lo cá...

O Gentleman
Que tem isso?

Adriana
No meu quarto!

O Gentleman
Havia de ser no quarto de outra?

Adriana
Mas é de força!

O Gentleman
Você é que está sem espírito. Até pensou que eu estivesse armado!...

ADRIANA
Boa dúvida. Nos tempos que correm, só a gente bem vestida é que usa armas...

O GENTLEMAN
Perdão. Para certos casos. Se eu tivesse vindo de uma festa literária estaria prevenido. Mas eu venho do Lírico, minha filha. Do Lírico! Haveria o receio dos críticos. Esses, porém, apesar de se descomporem horrivelmente, ou não descarregam as armas ou não têm forças para as descarregar. No Rio, ainda é possível ouvir pelo menos música – sem estarmos armados senão de paciência. (*recosta-se no divã, a fumar*)

ADRIANA
(*ainda receosa*)
Enfim... Estava bonito?

O GENTLEMAN
Era a *Tosca*. Nem mais nem menos: a história de um bandido, chefe de polícia.

ADRIANA
Naturalmente, perseguidor de mulheres?

O GENTLEMAN
Como todos os chefes de polícia, minha filha. Uma lástima. Se soubesses o que faz o chefe da *Tosca* contra uma pobre mulher, cujo crime úni-

co era amar um pintor! Muito pior que os chefes de agora. Para o fim, a rapariga, não podendo mais diante do amante morto, atira-se ao rio...

ADRIANA
(*estúpida*)
Vem para cá?

O GENTLEMAN
(*rindo*)
Hein? Não. Atira-se a um rio de verdade; cai na água... Felizmente aliás. Era tempo.

ADRIANA
O senhor não gostou, parece...

O GENTLEMAN
Porque toda essa história é acompanhada de música e eu embirro com o autor da música.

ADRIANA
Questão de mulheres?

O GENTLEMAN
Questão de asseio. O homem não limpa os dentes, e eu, em coisas de limpeza, sou severíssimo.

ADRIANA
Mas então por que foi?

O Gentleman

Para dizer mal – como toda a gente... Mas faz-se tarde. Quase quatro horas. Minha menina, muito boa-noite. Está no seu quarto, tranqüila. Vai dormir direitinha, sem sustos. Convenceu-se de que eu não era mau? Agora é esquecer o acaso que nos pôs face a face...

Adriana

Que é isso? Então vai embora? Agora?

O Gentleman

Claríssimo.

Adriana

Por que continua a brincar?

O Gentleman

Ao contrário...

Adriana

Pois então? Entra sem eu estar, remexe as minhas coisas. Não!... Depois do que conversou, eu não posso pensar senão numa brincadeira...

O Gentleman

Perdão. Ia a esquecer as chaves... (*vai à* coiffeuse)

Adriana

Oh! não continue. Que chaves são essas?

O GENTLEMAN
Chaves falsas.

ADRIANA
Oh!

O GENTLEMAN
Isto é: chamam-nas falsas. Eu penso o contrário. As chaves mais verdadeiras devem ser sempre as que abrem mais... Erros de denominação! Não há chaves falsas; há portas, gavetas, algibeiras... Enfim, a vida, as situações falsas da vida! (*guarda as chaves*)

ADRIANA
Mas que homem!

O GENTLEMAN
Há alguma coisa de extraordinário?

ADRIANA
É que quanto mais o senhor fala, menos eu acredito.

O GENTLEMAN
Em quê?

ADRIANA
Não sei...

O Gentleman
Diga sempre...

Adriana
(*tomando coragem*)
Pois bem, digo. O senhor é mesmo?...

O Gentleman
(*vai à porta, abre-a um pouco. Consulta o relógio*)
Você não deixa de interessar-me. Vou, pois, perder alguns minutos e confiar no seu coração de mulher. Sente-se aí, mais perto da porta. Vê que me entrego inteiramente, para mostrar que não lhe quero mal. Agora a confissão.
Você perguntou se eu era mesmo... Sim, sou. Só isso. Mas superior, compreendeu? Em todas as profissões há categorias. A minha é como o jornalismo, a política, o funcionalismo, o teatro... No jornal, o contínuo pertence ao jornal, o repórter pertence ao jornal, o redator pertence ao jornal. Mas há o diretor gerente! Nos bancos há contínuos, pagadores, guarda-livros, caixas. Mas há também o diretor. Nos teatros, você deve ter reparado, há uma porção de gente. Mas quando você vai, por exemplo, ver uma companhia portuguesa, o que vai ver você?

Adriana
A Palmira Bastos!

O Gentleman
Como a sua mamã...

Adriana
Não é de cá a mamã!

O Gentleman
... como a sua vovó...

Adriana
Já morreu.

O Gentleman
Não altera o meu princípio. A questão é de saber que em tudo há classes, tal qual como nos enterros – porque afinal as profissões são os enterros da vida...

Adriana
Meu Deus! Quanta coisa...

O Gentleman
Na profissão de gatuno há os contínuos, os amanuenses, os varredores, os coristas, os especialistas medíocres, como o Pula Ventana, os assassinos que são presos. E há também os superiores, os *leaders*. Eu sou gatuno. Mas de primeira classe. Gatuno *leader*.

ADRIANA
Deixe-se de pilhérias! Se o senhor fosse mesmo gatuno não dizia.

O GENTLEMAN
Seria um erro lamentável. Todas as profissões são interessantes quando nos destacamos nelas. Depois, minha filha, devo dizer que escolhi a profissão de gatuno admirável, em primeiro lugar porque é a única profissão em que o reclamo foi abolido; em seguida porque no Brasil todas as outras profissões estão inteiramente desmoralizadas. Palavra! Os colegas chamam-se mutuamente coisas feias e o público acredita. Nem a Maçonaria escapa! Só há realmente uma classe unida: a dos ladrões. Veja você os jornalistas. Se tomarmos ao pé da letra o que eles dizem uns dos outros, principalmente os estúpidos dos inteligentes – estaríamos mais garantidos no Pinhal da Azambuja. O mesmo acontece com os literatos, os advogados, os políticos...

ADRIANA
Ah! esses, não resta dúvida...

O GENTLEMAN
Ainda bem. Até você considera os políticos ratoneiros. Ponha-se agora no meu lugar e seja deputado ou ministro para ser tratado, já não digo de ladrão, mas de sem-vergonha, dançarino, prostituta...

ADRIANA
Oh!

O GENTLEMAN
Chocou-se com o palavrão? Pois há piores, impressos diariamente nos jornais.

ADRIANA
Eu não leio jornais, senão quando há crimes.

O GENTLEMAN
Ainda bem. Você perderia muito. Nada mais pernicioso do que a leitura de artigos de fundo. É preferível não os ler. Porque afinal a única profissão que não é insultada nos jornais é a de ladrão. Ao contrário, é considerada o diletantismo de todas as outras.

ADRIANA
Metade do que o senhor diz eu não compreendo.

O GENTLEMAN
Nem é preciso.

ADRIANA
Não compreendo e não acredito.

O GENTLEMAN
Isso é que me faz desconfiar de que você seja brasileira. Enfim, minha pequena, a ques-

tão é simples. Eu sou ladrão. Mas de primeira classe, como o Maurício de Lacerda na oratória parlamentar, a Palmira Bastos nas companhias portuguesas, o Leon Rousellières na polícia, e outras glórias universais. Escolhi a profissão de gatuno porque é a única que não atacam. E trabalho só, porque – ó miséria humana! – quando se organiza uma quadrilha é certo que nos traem os outros. Ainda há pouco tivemos um exemplo com o rapto das sabinas.

ADRIANA
Que sabinas?

O GENTLEMAN
As filhas putativas de um homem solteiro que foi ministro. Essas filhas arruinaram os comerciantes...

ADRIANA
Coitados! Nesta época de crise...

O GENTLEMAN
Está convencida agora?

ADRIANA
De quê?

O GENTLEMAN
De que sou gatuno?

ADRIANA
(*sorrindo*)
Se lhe dá prazer...

O GENTLEMAN
Deixe-me então dizer-lhe que a sua atitude para comigo tem sido de absoluta falta de tato.

ADRIANA
Ora esta!

O GENTLEMAN
Claríssimo! Qual é a sua profissão?

ADRIANA
Creio que o senhor não me vai ofender?

O GENTLEMAN
Bem. Respeito a discrição feminina. Mas permita que me julgue ofendido.

ADRIANA
(*inquieta*)
Por quê? Que tem?

O GENTLEMAN
Sem receio. Sou um cavalheiro. E apesar de ser de indústria, há muitos industriais que não são cavalheiros. Eu mantenho a linha. Considere, porém, o nosso caso – e veja como procedeu absurdamente.

ADRIANA
Absurdamente?

O GENTLEMAN
Sim. Que faz a menina, à noite e de dia?
Não precisa dizer. Sabemos. Há cidadãos conhecidos de nome ou de vista e alguns nem de
nome nem de vista. Eles falam à menina, e a
menina, esquecendo que quem vê caras não vê
algibeiras, come com eles, vem para casa com
eles, dorme descuidosa ao lado deles. Pensou
alguma vez que um desses indivíduos podia ser
um assassino, um ladrão, um flagelador, um sui-
cida? Que poderia amanhecer ao lado de um
cadáver, ou amanhecer roubada, ou amanhecer
assassinada? Nada disso. A menina ri, brinca,
está alegre, com esperanças, sem pensar no perigo. Mas como em vez de me encontrar no
club ou na rua, a menina encontrou-me no seu
quarto, a menina, só por essa pequena altera-
ção, quis gritar, quis prender-me, teve medo –
esquecida de que se eu tivesse intenções sinis-
tras começaria por fazer exatamente o que toda
a gente com facilidade faz. É ou não absurdo? É
sim. A menina só tem uma desculpa: procedeu
como a sociedade, cuja estupidez coletiva só se
mede pela própria inconsciente depravação...
Esse, porém, foi o primeiro absurdo – porque,
logo que me viu bem vestido e falando bem, a

menina resolveu achar impossível que eu fosse gatuno, simplesmente gatuno, ofendendo-me no meu mais sério orgulho: o orgulho profissional. Eu resolvo perdoar-lhe porque ainda neste caso a menina é tão imbecil como a sociedade que só respeita os gatunos com outros nomes e prende os simples sinceros profissionais.

Para compreender bem o que eu digo basta indagar: se em vez deste seu criado encontrasse o *croupier* do *club* donde vem, não o receberia? Com prazer! Se fosse o seu gigolô...

ADRIANA
O meu gigolô não é ladrão.

O GENTLEMAN
Por quê?

ADRIANA
Porque é rico.

O GENTLEMAN
E é gigolô?

ADRIANA
Porque eu quero.

O GENTLEMAN
Eis as mudanças que levam ao erro.

ADRIANA
Depois, antes era pobre e eu gosto dele. Foi outro dia que o pai estourou em Portugal, deixando-lhe duzentos contos.

O GENTLEMAN
Assim uma fortuna do pai para a mão?...

ADRIANA
Palavra!

O GENTLEMAN
Vão lá explicar a sorte. Que diria Spinosa disso?

ADRIANA
Spinosa não tem que meter o nariz aqui. Não admito que se intrometam na minha vida pessoas que eu não conheço.

O GENTLEMAN
Eu faço o contrário. Só me meto com quem não conheço. Veja o exemplo de agora. (*com melancolia*) Se não a tivesse conhecido, teria arranjado a minha vida. *Tu sarai solo, tu sarai tutto tuo* já disse Da Vinci.

ADRIANA
Outro!

O GENTLEMAN
Que outro?

ADRIANA
Que eu não conheço!

O GENTLEMAN
Também você não conhece ninguém!

ADRIANA
(*com tristeza*)
Ai filho, antes não conhecesse... (*O gentleman olha-a. Silêncio. Ela tira o chapéu, o manteau – profissionalmente. Ele naturalmente fecha de novo a porta. Acende outro cigarro. Hesita. Depois:*)

O GENTLEMAN
Bem. Vou-me embora. Ao que parece, a vida não te sorri muito?

ADRIANA
Assim...

O GENTLEMAN
Pareces o presidente da República diante do problema econômico.

ADRIANA
É porque ele sabe decerto com que linhas se cose...

O Gentleman
Ou não sabe. Ninguém sabe nada. Eu digo como o Antônio Carlos.

Adriana
Outro!

O Gentleman
Outro?

Adriana
Que também não conheço.

O Gentleman
(*rindo*)
Há muitos outros ainda. O mundo é pequeno, mas tem muita gente. Principalmente nas cidades. Olha aqui. Só o bairro de Botafogo...

Adriana
Conhece lá muita gente?

O Gentleman
De vista. Moro lá.

Adriana
Ah!

O Gentleman
É exato. Há doze anos. Apenas lá sou um homem socialmente honesto. Do cais da Glória

para cima ninguém me pega a trabalhar. Em geral o resto dos moradores faz o mesmo.

ADRIANA

Hein?

O GENTLEMAN
Vem trabalhar para o centro...

ADRIANA
(*rindo*)
O senhor sempre me saiu muito pândego!

O GENTLEMAN
A la bonne heure. Não há como a verdade para parecer mentira. Também a mentira vinga-se: parece sempre a verdade... Bem. Vou-me embora. Toque nestes ossos. Adeus!

ADRIANA
(*retendo-o*)
Sério?

O GENTLEMAN
Pequena imprudente!

ADRIANA
Ora não me aborreça mais com esses fingimentos. Eu confesso que a princípio tive medo. Mas compreendi logo. Agora não caio. O se-

nhor é um extravagante que quis assustar-me para gozar o meu susto. Olhe. Há piores e que não falam tão bem. Gente de cocaína, de alfinetes, de porcarias...

O Gentleman
Conheço muito alguns...

Adriana
E não são só velhos. Rapazes com cada idéia... O senhor é pelo menos original. Mas eu sou esperta e percebi. Nem morta acredito que seja gatuno! Deixe-se de mais histórias. Venha dormir.

O Gentleman
E o gigolô?

Adriana
Não vem hoje.

O Gentleman
Está a divertir-se com o dinheiro do pai?

Adriana
Ainda não recebeu. O pai morreu há um mês.

O Gentleman
Por isso a menina está triste.

ADRIANA
Não; não é por isso... Sabe o senhor que estou a simpatizar com a sua cara?

O Gentleman
Mesmo sendo eu gatuno?

ADRIANA
Ora!

O Gentleman
(*tomando-lhe a bolsa*)
E se eu ficasse com esta bolsa?

ADRIANA
Não tem muito, meu filho. Apenas 122 mil réis.

O Gentleman
Nestes tempos não é mau, para um simples particular. Olha, o Irineu Machado não renuncia a uma das cadeiras da Câmara só para poupar ao Tesouro 2:400$000 réis por mês... 122 mil réis é uma soma.

ADRIANA
Não brinque...

O Gentleman
Enfim, minha filha, a culpa é sua. Não tem que se queixar. Você vai dar licença: eu roubo-lhe os 122 mil réis.

ADRIANA
Você vai roubar os meus 122 mil réis?

O GENTLEMAN
(*abriu a bolsa, tirou o dinheiro calmo*)
Eu já tive o desprazer de roubar-lhe os 122 mil réis. E é inútil você gritar, chamar a polícia – porque entre mim e você ninguém deixará de não acreditar em você. Está a ouvir?

ADRIANA
(*no auge da raiva*)
Ladrão!

O GENTLEMAN
Exatamente. Mas experimente dizê-lo alto. Meto-a na cadeia, como alguns colegas meus – de respeito. Adeus! (*abre a porta*)

ADRIANA
Eu grito!

O GENTLEMAN
Sabe bem que ninguém acreditará. Sim ou não? Grite você! Eu espero! (*senta-se*) Pobre pateta que não compreende a sua miserável posição na sociedade!

ADRIANA
(*rompendo em choro*)
Somente... somente... não é gentil! Depois de ter conversado tão bem... Depois de mostrar tantos conhecimentos.

O GENTLEMAN
Mas que quer que eu faça, se sou ladrão?

ADRIANA
Somente... sabe Deus quanto me custou para arranjar esses 122 mil réis... Estou atrasada na pensão... Tão atrasada... e não tenho mais nenhum, nenhum...

O GENTLEMAN
Mas que hei de fazer se sou ladrão?

ADRIANA
Somente... somente... eu não sou inteligente... mas preferia que... sim... era melhor que tivesse roubado logo sem me falar... porque quando um homem fala com uma mulher duas horas... e depois leva-lhe todo o dinheiro... 122 mil réis! contra a vontade dela... não é ladrão, não!... é... um... um canalha...

O GENTLEMAN
(*ergue-se pálido*)
Hein!

ADRIANA

Somente... somente... eu sou uma pobre... que qualquer pode enxovalhar... roubar... matar, uma pobre em que ninguém acredita... mas acho muito feio... muito feio... tão feio!... E dou-lhe... sabe? prefiro dar-lhe os meus 122 mil réis... Pode levar... pode ir embora... Deus me ajudará... pode ir... eu não faço nada. Leve... leve... ande... (*soluço*)

O GENTLEMAN

Obrigado. (*caminha para a porta. Ela cai numa cadeira chorando baixinho. O Gentleman volta*) Permita entretanto que, retribuindo a sua gentileza, eu ofereça à menina (*e abre a carteira*) a quantia de 122 mil réis, produto líquido do meu trabalho desta noite. (*põe o dinheiro na* coiffeuse) E mais uma pequena soma, resto dos meus trabalhos de outros dias. Vai fazer-me uma terrível falta. Eu não negociei com as sabinas. Eu não sou amigo dos ministros. Tenho, porém, o maior prazer... E até mais ver.

ADRIANA

(*pula, grita*)
Logo vi que não eras ladrão.

O GENTLEMAN

Por quem me toma a senhora? Sou sério. E por ser ladrão e respeitar a minha profissão, que não acanalho, é que a compreendi. Adeus.

ADRIANA
Mas... mas... mas é mesmo? Não fica?

O GENTLEMAN
Deus me livre! Sou casado e nunca durmo fora de casa.

ADRIANA
Mas é impossível!

O GENTLEMAN
Como todas as coisas certas. Adeus. Não quero ir, porém, sem lhe beijar a mão. Salvou-me de ser igual aos outros. Decididamente não há como a gente ser moral para ensinar a decência à gente séria. Adeus.

ADRIANA
(*olha o dinheiro, olha o Gentleman, que se vai*)
Não vá! não vá!...

O GENTLEMAN
(*à porta*)
E tenha cuidado, filha. Feche bem a porta. Esta polícia só faz asneiras! Os ladrões andam por aí a assaltar a própria autoridade. Cuidado. Adeus. Seja feliz. Obrigado. Durma bem... (*desaparece*)

ADRIANA

Ah! (*corre a fechar a porta, respira, senta-se, ergue-se*) Mas parece impossível! Tão elegante! Tão simpático! Tão sério! Tão diferente!... Que pena não ser como nós, meu Deus! Que pena ser só ladrão!

(*Cai o pano.*)

ENCONTRO

Um ato sobre uma triste saudade...

Representada pela 1ª vez a
4 de setembro de 1915, no Teatro Trianon,
do Rio de Janeiro, por Ema de Souza
e Carlos Abreu.

PERSONAGENS

Adélia da Pinta
Carlos
Anica

Ação: em Poços de Caldas, outro dia

ATO ÚNICO

(*A pequena sala da frente de uma casa de porta e janela numa rua perdida da estação termal de Poços de Caldas. – Na pequena sala há um leito grande com colcha de chita; há um oratório com flores de papel e crochês, algumas cadeiras, um console, um cabide de centro. – São talvez duas horas da tarde, ou como se diz modernamente: – quatorze horas. Vê-se pela janela aberta a paisagem da estrada, com sol, céu azul, casas distantes. – Quando descerram o pano, está sentada a uma das janelas, fazendo crochê e cantarolando tristemente, uma mulher. Saia, bata, cabelo arranjado, sinal na face. Chamam-na a* ADÉLIA DA PINTA. *– Pouco depois passa com um balaio uma outra tipa. Tem o nome de* ANICA *ou* MICAS. *E toda a conversa que têm é de fora, da rua, sem entrar na sala.*)

ANICA
Boa tarde, Adélia...

ADÉLIA
Oh! Viva... Boa tarde! Como vais?

ANICA
Assim, rolando sem ser pipa. As coisas estão mesmo azaradas. Não me lembro de ver em Poços uma estação tão sem gente.

ADÉLIA
É impressão tua. Olha: entra, descansa...

ANICA
Não posso. Tenho lá em casa o homem a roncar que parece um porco.

ADÉLIA
Cruzes!

ANICA
Nem todos têm sorte como tu!

ADÉLIA
Eu, sorte?

ANICA
Pois! Pra ti, não está má a estação...

ADÉLIA
Ah! o coronel...

Anica

Achas pouco? Nesta quadra quando os banhistas ficam no hotel ou vão todos para a casa do Pimenta deixarem-se explorar pelas espanholas? Qual o infeliz que se aventura a procurar uma pobre de Cristo como eu? Tu tens o coronel, ao menos!

Adélia

Ao menos.

Anica

Passas bem, comes bem. Eu tenho de agüentar aquele animal a seco...

Adélia

Mas também por que te metes com homens sem recursos?

Anica

O coração, minha filha. Faz a gente quebrar a cabeça!

Adélia

Por que te queixas então?

Anica

Ai, filha, nem sei... a necessidade! Não tens por aí algum cobre que faça arranjo?

ADÉLIA
(*procurando no cesto*)
Ai! meu Deus! Tenho só duas pratinhas. Queres uma?

ANICA
Deixa cá ver, ricaça...

ADÉLIA
Antes fosse...

ANICA
Deus te favoreça nos teus desejos...

ADÉLIA
Amém...

ANICA
(*preparando-se para partir*)
O coronel já esteve aí hoje?

ADÉLIA
Só vem de tardinha...

ANICA
É que eu soube na venda do seu Agapito que ele perdeu ontem na roleta do dr. Horário para mais de conto.

ADÉLIA
Ah!

ANICA
A modos que não te causa mossa?

ADÉLIA
O coronel é tão rico!

ANICA
Pois que coma numa tigela! O diabo é ter tanto dinheiro, gostar de ti e não te tirar disso...

ADÉLIA
Já cuida de mim; é muito. Olha, quantas queriam, hein, Micas?

ANICA
Menos eu. Não atrapalho o beco. Mas vou indo. Bom, adeusinho...

ADÉLIA
Adeus...

ANICA
(*vai embora*)

ADÉLIA
Desavergonhada! Recebeu o favor, mordendo... (*continua a cantarolar*)

(*Passa distraidamente pela rua,*
CARLOS GUIMARÃES. *Puxa levemente da perna.*

*Veio a Poços afastar uma ciática impertinente.
Deve ter quarenta anos muito vividos.
É elegante, muito elegante, com o ar
estrangeiro. Anda distraidamente, aborrecido e
triste. Adélia trabalha e canta. – Talvez o canto
chame a atenção de Carlos Guimarães. Pára.
Olha. – Parece ter um espanto. Sorri. Faz um
gesto como se achasse absurda a sua
lembrança. Continua. – Mas volta. – Olha com
atenção. – Adélia levanta os olhos.)*

ADÉLIA

Que homem! Parece que come a gente com os olhos... E tão bem vestido... (*gesto de coqueteria, sorriso. Carlos desaparece*) É dos do Rio, das pensões *chics*... Só deve freqüentar as espanholas do Pimenta. (*continua a cantarolar. Carlos reaparece como forçado por uma vontade superior. Decidido, de fora:*)

CARLOS

Bom dia, rapariga.

ADÉLIA
(*sorri*)

Bom dia.

CARLOS

Diga-me cá. Você é de Poços?

ADÉLIA
Não, senhor. Desejava alguma informação?

CARLOS
Eu? Não. Isto é...

ADÉLIA
O senhor é banhista novo?

CARLOS
Cheguei ontem realmente. Estou a ver a cidade...

ADÉLIA
E lá no hotel deram decerto notícia ao senhor da casa do Pimenta?

CARLOS
Que Pimenta, mulher?

ADÉLIA
O das espanholas...

CARLOS
Qual! Não trato disso, minha filha... (*pausa*) Diga: como se chama você?

ADÉLIA
Perguntador! para que quer saber?

CARLOS
Para nada...

ADÉLIA
Então não digo.

CARLOS
(*encostado à janela*)
Diga, não seja má...

ADÉLIA
Eu chamo-me Adélia...

CARLOS
Bem bonita que você é...

ADÉLIA
Não esteja a fazer pouco...

CARLOS
E esse sinal aí na face...

ADÉLIA
Parece de nascença, não?

CARLOS
Pois não é?

ADÉLIA
Não, senhor! É pintado. Todos juram que é verdadeiro. Foi pintado por uns chineses do cir-

co de cavalinhos. Ficou tão bonito que só me chamam "Adélia da Pinta"...

CARLOS
(*sempre observando, a sorrir*)
Mas se o sinal não é de nascença, então é o diabo.

ADÉLIA
Por quê?

CARLOS
Fica você mais parecida ainda com uma pessoa que eu conheço.

ADÉLIA
Ah!

CARLOS
Isto é: que conheci...

ADÉLIA
Era bonita?

CARLOS
Tão bonita que nunca mais a esqueci. Isto é: era bonita para mim.

ADÉLIA
Paixão?

CARLOS
Não; foi há tanto tempo!

ADÉLIA
Morreu?

CARLOS
Não, perdemo-nos de vista. Você parece-se muito com ela. Bom: obrigado. Não se zangue com a minha curiosidade. Engraçado! Cheguei, e ficamos logo a conversar como camaradas. É a sua parecença... Mas não olhe assim, rapariga, não olhe. Que tem? Mas é o olhar, o mesmo olhar da Argemira...

ADÉLIA
(*que o fitava muito, tem um tremor*)
Hein? Como diz o senhor?

CARLOS
Digo que tem o olhar de Argemira...

ADÉLIA
(*de repente, fazendo esforço enorme como para se recordar*)
Eu? Eu? Entre, homem...

CARLOS
Mas para quê?

ADÉLIA
(*abrindo a rótula, quase
autoritária*)
Entre, ande...

CARLOS
Mas não quero nada: tenho até pressa...

ADÉLIA
Entre. Faça favor. Um minutinho só. Quero perguntar-lhe uma coisa... É sério.

CARLOS
(*entrando*)
Creio que não a ofendi...

ADÉLIA
(*fecha a rótula, fecha a janela. Vem para ele.
Olha-o. Olha-o*)

CARLOS
Que é isso? Dar-se-á o caso que também me conheça? (*rindo, sem vontade*) Pareço-me também com alguém seu conhecido?

ADÉLIA
(*fita-o ainda. Depois senta-se numa cadeira,
muito encolhida e rompe num choro grande,
profundo*)

CARLOS
Mas que é isso? Não chore. Sou bom homem. Já lhe disse. Não tive tenção de a magoar. Que mal há em tomá-la por outra. Mas não chore. (*aflito*) Olhe, ouça. Eu já sou quase velho. Tenho quarenta anos. Está a ouvir? E nunca magoei uma pobre mulher. Não. Eu sei. Coitadinha! Olhe, rapariga. Não tem nada de mal. Essa Argemira foi o meu primeiro namoro. Há 23 anos! Eu era criança, ela também. Tudo muito decente, muito puro. Tanto que não esqueci... Olhe, nada tem com você... Vá, levante-se, limpe esses olhos... não chore mais... Pobrezinha... Diga que não está zangada!

ADÉLIA
Ao contrário... ao contrário. (*baixo, simples, com imensa ternura*) Como está mudado, Carlos!... (*pausa*)

CARLOS
Não me enganei... então... tu és mesmo Argemira!

ADÉLIA
Estou velha, hein?

CARLOS
Não. Francamente... estás... uma senhora apenas.

ADÉLIA
Uma mulher, Carlos...

CARLOS
Argemira... minha pobre Argemira!

ADÉLIA
(*insensivelmente íntima*)
Não contavas?

CARLOS
(*tristíssimo*)
Mas fiquei tão contente, estou tão contente!

ADÉLIA
E eu? Só ver que não me esqueceste! Este é o dia mais feliz. Pobrezinha de mim. Há tanto tempo!

CARLOS
A vida! Foi há vinte e três anos. (*sem convicção*) E parece que foi ontem.

ADÉLIA
Ou que foi há muito mais tempo. É recordação... Mas que choque. Estou com o coração batendo, batendo... E envergonhada...

CARLOS
De quê?

ADÉLIA
Não sei... de já ser outra, estar assim...

CARLOS
Ora... é que não te lembravas mais...

ADÉLIA
Não digas! Seria lá possível! Lembro até o dia em que nos vimos pela primeira vez.

CARLOS
Foi no Passeio Público.

ADÉLIA
E tu nos acompanhaste a Santa Teresa.

CARLOS
Quanta maluqueira depois!

ADÉLIA
Tempo bom!... Quando eu soube que eras estudante, filho de um senador, e que gostavas de mim, uma pobre rapariga, filha de um trabalhador qualquer!

CARLOS
Tu eras tão bonita!

ADÉLIA
O que eu fazia para poder sair à noite e encontrar-me contigo na ladeira do Curvelo!

CARLOS
(*recordando*)
Como me lembro! Vinhas cheirosa, cheirosa. Parecias uma rosa!

ADÉLIA
Era éter floral que me dava a Julinha...

CARLOS
Era a tua pele, era a tua boca, eram os teus cabelos...

ADÉLIA
E as corridas, para nos vermos livres da Julinha?

CARLOS
De vez em quando paravas para me dares um beijo.

ADÉLIA
Nem era beijo, era respiração...

CARLOS
(*de repente*)
Era o que quiseres. Era tudo!

ADÉLIA
Tudo... Tudo!

Carlos
Que felicidade!...

Adélia
E quando o pai desconfiou por causa do João?

Carlos
Foi o melhor. Abrias a janela de madrugada.

Adélia
E tu me beijavas toda... Como era mesmo? Espera. Era nas mãos e dizias: "Essas mãos são minhas".

Carlos
Que pateta!

Adélia
Era nos braços e murmuravas: "Destes braços ninguém me tira".

Carlos
Disso não me lembro. Lembro o cabelo, isso sim...

Adélia
Escondias a cara nos cabelos e choravas: "Estou perdido na floresta! Quem me acode!".

CARLOS
Que maluco!

ADÉLIA
E quando chegava a boca...

CARLOS
Não dizia nada... Mas depois teu pai apareceu com um bengalão... Ah! minha filha, ainda não te contei. Depois das bengaladas, corri como um doido morro abaixo. Eles no meu encalço atirando pedras. Vim parar à rua de D. Luísa sem saber como. Nunca expliquei a raiva de teu pai.

ADÉLIA
Papai dizia que o filho de um senador não casa com uma pobre rapariga.

CARLOS
Eu não casei... E nunca mais esqueci aquele tempo, apesar de não ser isso causa para não casar.

ADÉLIA
Esquisito! Também nunca esqueci e perguntava sempre: por que não voltará ele mais?

CARLOS
E eu não te posso explicar até agora por quê. Após a sova de teu pai, não voltei a *perseguir-te*,

como dizia a Julinha. Entretanto lembrava-te sempre. Eras tão boa, tão bonita, tão séria...

ADÉLIA
É verdade.

CARLOS
Antes não tivesses sido...

ADÉLIA
A gente nunca sabe o que faz.

CARLOS
Hoje, estou convencido que se tivesses consentido, teria sido para toda a vida. Mas nunca. Negaste sempre. Cheguei a fazer uma promessa a N. S. da Penha, que era a tua santa.

ADÉLIA
Deveras?

CARLOS
E N. S. da Penha correu-me a pau, não quis!

ADÉLIA
Também agora tenho outra Nossa Senhora.

CARLOS
Qual?

ADÉLIA
Nossa Senhora das Dores.

CARLOS
Minha pobre Argemira... Mas como foi isso?

ADÉLIA
Desgraças da vida, Carlinhos. Sabes que casei? Não? Pois casei, dois anos depois. Um rapaz que abusou.

CARLOS
Oh! Argemira...

ADÉLIA
Eu não gostava dele. Papai obrigou a casar. Deves conhecê-lo. É um tal Antônio Antunes, sócio da casa de ferragens Antunes e Pacheco. Foi com ele. Mamãe disse que era praga. Era destino... Da companhia de Antunes fugi três vezes. Ele, com rogos e ameaças, fazia-me voltar. Afinal cansou. E eu, que estava com um tocador de rabeca nos teatros – um gordo, chamado Pereira –, caí na perdição para não morrer de fome.

Tenho rolado, Carlos! Tenho sofrido tanto... Há dois anos, vim para Caldas, com companheiras. Mas estava tão enjoada do Rio e de São Paulo, que fui ficando. (Há aí um coronel que me visita. É um velho casado). Eu lido na casa e canto baixinho. Quem canta seu mal espanta... Que hei de fazer?

Carlos
Devias ter tido muitos amores.

Adélia
Não, nenhum.

Carlos
Ora!

Adélia
Para que mentir? Já agora era inútil. Eu fui rolando de homem para homem, só. Caía num para escapar de outro. Como uma pedra, sabes. Conheço-os todos. Há bons, há maus, há os que não são nem bons nem maus. Estão tão longe da gente quando estão perto... E a gente faz-lhes também tanto mal sem querer... Enfim... cansa. Quando não entra o coração, é como se carregássemos um peso. Mas tu... tu é que devias ter tido amantes. Quantas vezes, depois da saída, eu pensava em ti, no gosto da tua boca...

Carlos
Deveras?

Adélia
Por esta luz. Parece que estava sempre esperando, sem esperança. Como deves ter pintado, Carlos!

CARLOS
Tenho envelhecido. Formei-me, sabes?

ADÉLIA
Já estavas no segundo ano...

CARLOS
Não me adiantou nada. Até agora tenho feito apenas envelhecer.

ADÉLIA
Muitas mulheres?

CARLOS
Assim...

ADÉLIA
Paixões?

CARLOS
Aborrecimentos. Sabes que não sou de paixões.

ADÉLIA
E eu?

CARLOS
Tu foste outra coisa. Nós éramos crianças... É tão sério ser criança...

Adélia
Tanto?

Carlos
Sim – porque pagamos toda a vida a sorte de ter sido criança uma só vez. É um grande suplício. Olha. Se me dissessem: sofrerás redobradamente aquilo que sofreste, gemerás com reumatismo, sentirás a estupidez e má vontade duplamente, viverás mais quarenta anos arrastando a ciática em Caldas, mas em troca poderás ter um dia inteiro dos teus dezessete anos – eu aceitaria.

Adélia
És tão bom, Carlos!

Carlos
Ou tão mau...

Adélia
Deves ter sofrido.

Carlos
Ao contrário. Os que sofrem, não têm tempo para pensar.

Adélia
Como eu!

Carlos
Tolinha!

Adélia
Não vês dentro do meu coração.

Carlos
E o que está dentro desse coração?

Adélia
Tu – há vinte e três anos...

Carlos
Lisonjeira. Nem me reconheceste...

Adélia
Mudamos tanto por fora...

Carlos
Mas é curioso. Parece que recobras a voz de outrora.

Adélia
É ilusão tua.

Carlos
E o brilho do olhar?

Adélia
Já não é possível!

CARLOS
E os cabelos...

ADÉLIA
Caíram. Nem imaginas como têm caído...

CARLOS
Mas nem uma branca...

ADÉLIA
Ah! isso não...

CARLOS
Pinta-os?

ADÉLIA
Oh! Carlos, eu ainda não tenho quarenta anos...

CARLOS
É verdade. Eu sou mais velho. Ainda assim, solta-os para ver se não há por aí alguma neve...

ADÉLIA
Não!

CARLOS
Por que não?

ADÉLIA
Queres que solte para brincar?

CARLOS

Começas tu!

ADÉLIA

Oh! Carlos!

CARLOS

A primeira coisa que te peço, recusas! Depois dizes que nunca me esqueceste!

ADÉLIA

É verdade.

CARLOS

E fazes pior do que quando éramos crianças. Enfim, o Antunes, o rabequista gordo, os outros...

ADÉLIA

Mas que idéia!... Todos, meu filho. Há tanto tempo!... Mas olha. Muita vez pensava em ti para aturar os outros...

CARLOS

Muito obrigado!

ADÉLIA

Podes desprezar. Que importa? Não esqueci para to dizer. Não esqueci porque a gente não esquece o que foi muito bom...

CARLOS
Então solta os cabelos.

ADÉLIA
Mas não será a mesma coisa.

CARLOS
Solta. É uma vontade.

ADÉLIA
E uma teima.

CARLOS
Mas solta...

ADÉLIA
Queres?

CARLOS
Quero, sim.

ADÉLIA
Tem pena de mim...

CARLOS
Teimosa! (*um pouco nervoso põe as mãos na cabeleira de Adélia. Ela treme. Os cabelos desfazem-se. Ele olha, insensivelmente neles mergulhando as mãos*) Mas é mesmo. Nem uma branca. E têm o mesmo cheiro... Mira, como era em Santa Teresa?

ADÉLIA
(*num gemido*)
Não recordar...

CARLOS
(*toma-lhe as mãos, aperta-as, beija-as*)
Estas mãos são minhas...

ADÉLIA
Eu já não sou a mesma, Carlos. Não sejas cruel...

CARLOS
(*beija-lhe os braços*)
Destes braços ninguém me tira!

ADÉLIA
Carlos... Carlos, não lembres...

CARLOS
(*envolta a face nos cabelos dela*)
Eu tenho medo da floresta! a floresta...

ADÉLIA
(*presa de arrepios*)
Carlinhos! Carlinhos! Por Nossa Senhora da Penha não me mates! Meu Deus! meu Deus!

CARLOS
Má, má... há tanto tempo! E não quiseste nunca!... Dá-me a boca. (*enlaça-a*)

ADÉLIA

Não!

CARLOS
(*dominando-a*)
Hás de ser minha! (*beijo prolongado*)

ADÉLIA
(*êxtase*)
Meu amor, meu único amor, meu primeiro amor...

CARLOS
(*no desejo, arrastando-a*)
Anda, vem...

ADÉLIA
(*recua aterrada*)
Não! isso não!

CARLOS

Por quê?

ADÉLIA

Porque não!

CARLOS
Deixa-te de tolices!

ADÉLIA
Não é tolice!

CARLOS
Não queres?

ADÉLIA
Carlos!

CARLOS
Então?

ADÉLIA
(*pranto*)
Carlos... Não é por nada... Mas não! nunca! Não posso... é só por mim. Nem posso explicar. Tudo o que quiseres, menos isso.

CARLOS
Mas por quê?

ADÉLIA
Não! Não!

CARLOS
Basta de brincadeira. Não somos mais crianças.

ADÉLIA
Por isso mesmo.

CARLOS
Em menina não quiseste.

ADÉLIA
Eu te amava...

CARLOS
E deste ao Antunes o que não deste a mim...

ADÉLIA
Carlos, perdoa, sê bom, vai embora...

CARLOS
Mas hoje, minha filha, quando eu te encontro neste estado, à janela, depois de pensar toda a minha vida em ti – parece demais o embuste. Que pensas afinal? Que eu te namorarei?

ADÉLIA
Oh!

CARLOS
Que eu ficarei enredado?

ADÉLIA
Ainda não te pedi nada...

CARLOS
Abusas por saber que me deixaste na pele o desejo da tua pele!

ADÉLIA
Vai embora... Vai embora...

CARLOS

Mas é pensar que eu sou um pateta!

ADÉLIA

Por que vieste? Por que me falaste? Vai-te...

CARLOS

Homem, é melhor... Se em menino eu não te agradava, muito menos agora, com quarenta anos... Não vale a pena. Eu exaltei-me. Desculpa. Até outra vez...

ADÉLIA

(*agarra-o*)

Carlos! Por que não compreender? Carlos, escuta, ouve e olha. Que pena eu não poder dizer direito! Olha. É coração. Isso que tu queres é de todos, pobre de mim! Mas se eu for para ti o que sou para todos, por quem hei de esperar, em quem hei de pensar? Carlos, tudo o que quiseres, ouviste. Tudo. Compreende! Mas sê bom para uma desgraçada. Tem pena! Para eu sonhar contigo sempre da mesma maneira, para lembrar a única boa coisa da existência, para poder fechar os olhos e pensar no melhor momento da minha desgraçada vida, quando era menina... Eu me entregarei a quem ordenares, eu farei o que mandares, eu te amo sempre, sempre... a tua boca tem o mesmo gosto, o teu cabelo é tão macio como outrora, tu és o meu

Carlinhos do coração. Só eu envelheci e passei. Mas Nossa Senhora deu-me a tua visita para recordar que não esquece os mais desgraçados. Carlos, meu bem, meu amor... Ninguém tem mais vontade do que eu. Mas seria a morte, o fim da minha alma. Carlos, como em Santa Teresa só. Como outro dia, quando papai se zangou... Faze isso por mim, por ti, pela nossa recordação, sim, sim... Carlos! (*e beija-o chorando... Mas batem à porta...*)

CARLOS
Espera. Bateram.

ADÉLIA
É o coronel!...

CARLOS
Aquele que esperavas?

ADÉLIA
Não, o que vem todos os dias. Por ti é que eu espero... (*batem de novo*)

CARLOS
(*pega no chapéu*)
Enfim... é esquisito. Não te quero aborrecer. O diabo é esse homem. Não me vás apresentar a ele! Como há de ser?

ADÉLIA
Saia pela porta dos fundos...

CARLOS
Fujo como há vinte e três anos...

ADÉLIA
Como ontem, com o meu pobre coração...

CARLOS
E queres que te venha ver?...

ADÉLIA
(*num supremo esforço*)
Como quiseres... (*batem com mais força*)

CARLOS
O coronel impacienta-se...

ADÉLIA
Pensará que estou a dormir. E que me importa o coronel?... Mas não olhes assim para mim. Não duvides! Não duvides! Escuta. Tu sempre foste inteligente. É intolerável esse teu olhar. Escuta. Mede bem o que te digo... Se queres, não abro ao coronel, sacrifico tudo, sou para ti o que sou agora. Se queres, toma... aqui me tens... Mas se o teu coração se lembrava de mim – vê bem, vê bem...

CARLOS
(*vai para segurá-la*)
Não! Tens razão, minha pobre Argemira. Era matar a saudade...

ADÉLIA
O desejo do que foi.

CARLOS
Tão bonito!

ADÉLIA
E que é bonito! mais bonito! Meu Carlinhos do coração...

CARLOS
Sim, eu sinto como naquele tempo. Não chores... não chores... O nosso encontro fica um sonho. Eu compreendo. Deixa ver as mãos... Estas mãos são minhas... (*beija-as*)

ADÉLIA
Carlinhos!

CARLOS
Destes braços ninguém me tira. (*beija-os*)

ADÉLIA
Meu bem...

CARLOS
(*entre os cabelos dela*)
Na floresta! Na floresta...

ADÉLIA
A boca, a tua boca... (*beijo longo. Desprende-se*) Vai. Foge...

CARLOS
Adeus...

ADÉLIA
Adeus, meu sonho... adeus... adeus.

CARLOS
Vou como há vinte e três anos...

ADÉLIA
Eu não mudei... eu não mudei...

CARLOS
O nosso encontro foi o encontro da mocidade...

ADÉLIA
Que Deus te dê em felicidade o bem que me deste. (*agarra-o; beija-o vorazmente, louca*) Adeus! Adeus! Adeus! Vai-te. (*empurra-o. Ele sai. Ela fecha a porta atônita. Olha para todos os lados. Olha as mãos*) Ele beijou as minhas

mãos. (*beija-as*) Tão bom... Tão bonzinho... Como sou feliz! Como sou feliz! Nunca pensei... Foi como um sonho. Menina, menina, o pai, os beijos, ele... o meu amor, a Argemira, a Argemira que já morreu... Que bom que foi! (*cerra os olhos, tempo*) E eu que não me lembrava mais do coronel! Adélia da Pinta, olha a vida... (*vai à rótula, abre-a. Ninguém*) Gente! Não esperou... Com certeza pensou que eu estivesse a dormir... Hoje fico todo tempo só – para lembrar... (*pega no cesto, cantarola triste. E de repente aos soluços*) Minha Senhora das Dores! Foi mentira... dize que foi mentira. Eu vi a minha vida, eu vi! Tem pena da desgraçadinha. Nossa Senhora das Dores! era melhor não ter visto, era melhor, era melhor!... (*e os seus soluços continuam enquanto o pano desce*)

UM CHÁ DAS CINCO

Ato contemporâneo

Representada pela 1ª vez a
18 de julho de 1916, no Teatro Municipal do
Rio de Janeiro, em récita de caridade.

PERSONAGENS

D. Maria
Pedro
Albertina
Margarida
Flora
César
Mme. Bastos
Ministro Tromiskroff
Clodomiro d'Alba
Mme. de Rocha
Paulo
Adriana da Gama, jovem poetisa
Luz de Lucas, da legação da Nicarágua
Irene

ATO ÚNICO

(*Salão que comunica à direita com outro salão, onde há rumor. Ao fundo, terraço sobre o jardim. Mobiliário um tanto "disparate", posto que sumário. Ao levantar o pano, já está cantando o fatal romance italiano uma voz qualquer.* D. MARIA *e* PEDRO *estão à porta do outro salão. O romance termina. Eles descem.*)

Cena I

D. MARIA *e* PEDRO

D. MARIA
Não me faça rir, Pedro!

PEDRO
É tudo quanto há de mais sério.

D. Maria
Foi de repente?

Pedro
Como todas as paixões. Via a Irene diariamente. Não tinha o menor sentimento. Achava-a apenas um pouco distante. De repente, uma noite – a chama! E esquisita! Não penso senão nela com um infinito medo de dizer que a amo. Se ela recusar? Se disser que não? Até agora sei que não tem outro. Mas logo mais? Ela é tão sensível, tão radiosamente princesa...

D. Maria
Felizmente há para as mulheres um momento em que vocês lhes fazem justiça.

Pedro
Qual?

D. Maria
Antes do casamento. Também depois, nunca mais.

Pedro
O fato é que este momento compensa em ânsia, em sofrimento, em medo...

D. Maria
(*interrompe*)
Creio que você não me vai repetir o que dizem todos os namorados, desde Adão?

Pedro
Perdão. Desde Adão, não! Adão não disse nada. Pelo menos não consta.

D. Maria
Com certeza, porque não tinha a quem.

Pedro
Ou porque não tivesse tempo. Eu, entretanto, tenho medo do tempo enorme. Foi por isso que lhe pedi para a consultar.

D. Maria
Bonito papel me reservou você!

Pedro
D. Maria, eu fico tão sem coragem, eu sou tão tímido...

D. Maria
Como todo homem superior.

Pedro
Não diga brincando.

D. Maria
Repito o que você me disse ontem. E isso mesmo disse a Irene.

Pedro
E que respondeu ela?

D. Maria
Ela também é tímida. E, graças a Deus, mulher. Ficou muito séria.

Pedro
É bom sinal?

D. Maria
Sei lá! O certo é que respondeu: "Eu mesma responderei ao sr. Pedro, amanhã no chá."

Pedro
Responderá, sim?

D. Maria
Ignoro. Afinal você, no século do tango e da batalha de Verdun, é espantoso. Mandar pedir licença para declarar uma paixão! Ou uma ingenuidade que eu não lhe conheço...

Pedro
Obrigado!

D. Maria
Não há de quê! Ou uma grande lábia – a batalha de trincheira. (*rindo*) Vai-se dar o combate. Ela não tarda. Talvez demore um pouco por estratégia. O terreno é o meu chá...

Pedro
O seu chá é a muralha da China do meu amor!

D. Maria
Muralha de fumaça perfumada. Olhe, divirta-se esperando. Tome chá.

Pedro
Não posso. O amor transforma. Desde que amo, acho todos esses chás horríveis.

D. Maria
Você? Francamente! Pois ouça aqueles que o chá conserva.

Pedro
As fúteis figuras de chá...

D. Maria
Que são a vida quando não há amor...

Cena II

Os mesmos, ALBERTINA *e* MARGARIDA

ALBERTINA

Boa tarde.

MARGARIDA

Good evening!

D. MARIA

Sabem que o Pedro está atacando os *five o'clocks?*

ALBERTINA

O Pedro há tempo que não sabe o que diz.

PEDRO

Merci!

MARGARIDA

That's all right.

PEDRO

That's all right o quê?

MARGARIDA

Yes. It's impossible. Encontra-se você em todos os chás.

PEDRO
Por motivo superior...

ALBERTINA
O super-homem aborrecido!

D. MARIA
Sub, sub-homem. Trata-se do amor.

PEDRO
Não me traia, D. Maria.

MARGARIDA
Poeta!

PEDRO
Como pilhéria não acho graça.

Cena III

Os mesmos, CÉSAR *e* FLORA
(*que vêm de dentro*)

ALBERTINA
O verdadeiro amor, ei-lo!

FLORA
É conosco isso? Mas que mania!

CÉSAR
Não há meio de se conformarem com a nossa camaradagem.

MARGARIDA
É camaradagem para o futuro.

D. MARIA
Acaba em casamento. Camaradagem para o aumento da população.

CÉSAR
(*a Flora, cético*)
Que se há de fazer?

FLORA
Eu já lhes disse uma porção de vezes que tomei o César para meu par porque com ele estou tranqüila, certa de não ouvir tolices.

CÉSAR
Apoiado.

ALBERTINA
Por quê?

FLORA
Porque é um *sportsman*, um homem forte. Antigamente tinha medo dos rapazes que jogam o *football*, o *tennis*, a malha, o remo, a natação. Que brutamontes!

CÉSAR
Estava errada.

FLORA
Estava, sim. Uma vez, a bordo jogavam a malha várias pessoas. Havia um desses rapazes fortes, grande, que usava o reloginho no pulso. Era de tarde. De repente vi que estava só com ele. Olhei-o, tive um susto esquisito: pensei que ele vinha agarrar-me, a cabeça andou à roda. Caí desmaiada.

MARGARIDA
Coitada!

FLORA
Quando vim a mim, entretanto, ele dava-me a cheirar um frasco de sais, com todo o respeito. Depois cumprimentou e afastou-se. Desde então prefiro o gênero forte. Porque eu não quero casar-me e quero divertir-me.

ALBERTINA
(*assustada*)
Mudemos de assunto! Vem aí a terrível Mme. Bastos!

Cena IV

Os mesmos e M<small>ME</small>. B<small>ASTOS</small>

M<small>ME</small>. B<small>ASTOS</small>
(*efusiva*)
Boa tarde! Meu bem, como vai? Grande ingrato! Não se incomodem!

T<small>ODOS</small>
(*exagero amável e prudente*)
Mme. Bastos! D. Rosinha!

M<small>ME</small>. B<small>ASTOS</small>
Não podia faltar ao seu chá. Você tem tanto gosto, recebe pessoas tão distintas! (*senta-se em silêncio expectante*) Pois eu venho da casa dos Fonsecas. Também muito boa gente. A velha Fonseca – sim, porque ela é velha!

P<small>EDRO</small>
Claro! Velhíssima...

M<small>ME</small>. B<small>ASTOS</small>
A velha Fonseca é que é um pouco arrevesada quando está com enxaqueca.

C<small>ÉSAR</small>
E ela está sempre com enxaqueca.

MME. BASTOS
Ainda bem que você a conhece! Tirando isso, distintíssima.

D. MARIA
Pois não!

MME. BASTOS
O que eu acho graça é a Rosália a falar de toda a gente, sem lembrar o tio.

PEDRO
Um homem sério, digno...

MME. BASTOS
Que infelizmente, coitado! esteve muito complicado nos negócios do banco... Enfim, estava lá D. Zulmira Guedes. Vai casar uma das filhas, participou-me. É a Clara. Deu-se até um equívoco.

PEDRO
Com a Clara?

MME. BASTOS
Não, comigo. Eu pensei que era um rapaz baixo, gordo, do inverno passado. E não era. É um alto, magro, do Ministério do Exterior. O gordo baixo casa com a Rosália. Enfim, casamento e mortalha...

CÉSAR
Esta senhora é insuportável!

FLORA
Não nos afastemos. Ela falaria de nós.

Cena V

Os mesmos e o MINISTRO TROMISKROFF

(*O ministro tem o sotaque carregado. Anda aos saltinhos, trata todos por você. Pedro vai até à janela. A cantora começa a cantar dentro.*)

TROMISKROFF
Senhora D. Maria de Guimarães, como vai você? (*beija a mão e corre as pessoas presentes com o mesmo gesto, dizendo alto:*) Você? Você? Você? Você?

MARGARIDA
So, so. And you?

TROMISKROFF
Very well! Thanks. E você? E você?

MME. BASTOS
Que confiança a deste homem!

D. Maria
É a diplomacia cordial.

Tromiskroff
Está um dia muito bonito. Belo cantor! Bonita música! muito bonita música!

Flora
É verdade; estão cantando.

Albertina
O canto aqui é acompanhamento.

Margarida
Ninguém ouve.

Tromiskroff
Perdão. Eu ouço. Gosto muito de música, mas sem canto. Música foi feita pra dançar.

D. Maria
Mas é um trecho lírico!

Tromiskroff
Agora todos os trechos líricos são dançados. Bela música! Belo cantor! Tudo muito bonito! Não aparecerá o fotógrafo?

Margarida
Que fotógrafo, ministro?

TROMISKROFF
O que vem tirar grupos para os jornais. Eu saio sempre de olhos arregalados...

MME. BASTOS
Olho arregalado só mesmo em fotografia...

TROMISKROFF
Tudo muito bonito! Senhora D. Maria parece cada vez mais perfeita.

D. MARIA
Obrigada, Tromiskroff.

TROMISKROFF
Eu estou velho. Fico triste. Somos quase da mesma idade. Que idade tem mesmo?

FLORA
Oh!

MME. BASTOS
Não pergunte, ministro. Todas nós somos mais velhas...

TROMISKROFF
Não duvido quanto a Mme. Bastos!

MARGARIDA
Gaffeur!

ALBERTINA
Toma!

MME. BASTOS
(*querendo ser fina*)
Eu sou como a educação.

TROMISKROFF
(*sem ouvir*)
Também muito conservada...

MME. BASTOS
(*furiosa*)
Se me desse um refresco, Pedro?

PEDRO
Minha senhora!

TROMISKROFF
Muita honra em conduzi-la ao *buffet*. Também estou com muita sede!

MME. BASTOS
O senhor é a gentileza em pessoa!

TROMISKROFF
Não duvido. Mme. Bastos é muito venerável. (*e como o cantor continua, saindo os dois*) Belo cantor. Cada vez há mais cantores!

D. Maria
Coitada de Mme. Bastos!

Flora
(*a* César)
Vamos vê-los?

César
Mme. Bastos morre hoje... (*saem os dois*)

Albertina
Bem feito! É para pagar o que ela fala dos outros.

Margarida
Nem por isso ela falará menos...

Pedro
(*voltando do terraço*)
D. Maria, se ela não vier?

D. Maria
Talvez não venha.

Pedro
Não me diga isso.

D. Maria
Você não é gentil. Até parece que não aprecia o meu chá.

PEDRO
O melhor do seu chá seria Irene...

D. MARIA
Literalmente pateta!

Cena VI

Os mesmos e CLODOMIRO D'ALBA

(*Literato de salão. Bem vestido. Exagero. Sempre agitado, como quem tem pressa.*)

CLODOMIRO
Deposito aos pés de V. Ex.ª as flores do meu respeito... Minhas senhoras. (*vendo Pedro longe, diz-lhe adeus com dois dedos de longe*) Pedro!

PEDRO
Pedante!

D. MARIA
Mau. Pensei que não vinha...

CLODOMIRO
Tudo, menos perder um chá de V. Ex.ª. O seu salão é o último salão onde se conversa...

ALBERTINA
O último ou o primeiro?

CLODOMIRO
O último porque o primeiro. Mas V. Ex.ª não poderá imaginar o que me custou para chegar a este instante precioso. Com licença! (*vai até o terraço, espia*) Estou à espera do automóvel que me prometeu o ministro do Japão, para assistir a um chá à moda de Tóquio. Será o quinto chá desta tarde...

PEDRO
Deve ter bebido chá, você!

CLODOMIRO
Desde pequeno. Também não me sobra o tempo para outra coisa. Hoje, por exemplo, *five o'clock*, às quatro horas, na casa das Mota. Fui, saudei, fugi... Às quatro e meia chá *chez* M.^{elles} Pereira. Fui, saudei, fugi. Às quatro e três quartos, chá do Proença.

MARGARIDA
Foi, saudou, fugiu.

CLODOMIRO
Exatamente. Às 5 horas chá na casa do Gomide, que se lembrou de morar no Ipanema. *Croyez-vous?* O Deserto!

ALBERTINA
Foi, saudou...

CLODOMIRO
Como não havia ninguém, Mme. Gomide prendeu-me dez minutos.

PEDRO
À espera que o chá ficasse pronto?

CLODOMIRO
À espera dos outros. Foi trabalho conseguir vir até aqui para estar sem falta... Que horas são?

D. MARIA
Quase seis horas!

CLODOMIRO
Às cinco em ponto no chá do Japão! Com licença... (*vai até ao terraço*) A ver se vejo o automóvel...

D. MARIA
É uma vida penosa a de mundano jornalista.

CLODOMIRO
Que se há de fazer, se são raros os jornalistas mundanos? Precisamos animar as tentativas da civilização! Está com um lindo vestido, Albertina. É de *gabardine*? Ainda não compreendi a *gabardine*.

D. Maria
Pedro, o Dr. Clodomiro é que deve queixar-se dos chás.

Pedro
Pois sim!

Clodomiro
Ao contrário. O chá é a craveira da nossa vida. É a entrada da Inglaterra nos nossos costumes, que aliás foram sempre adoráveis. Antigamente, vossências decerto não eram nascidas...

Margarida
Este é gentil.

Albertina
Mme. Bastos gostaria de ouvi-lo...

Clodomiro
Antigamente o chá servia-se à noite com torradas. Patriarcal. Dormitivo. Chá burguês, chá incrível, chá... chá...!

Pedro
Intragável!

Clodomiro
Mas tempo depois tivemos o chá ao almoço, digestivo, depois dos ovos. Influência positiva

da Inglaterra através da Índia. Chá governador, chá higiênico, chá de garfo, chá...

MARGARIDA
Chá *tee*!

CLODOMIRO
Perfeitamente. Chá *tee*! Por fim, agora, apoteose: chá pretexto para a reunião, elegância, Londres através de Paris – chá obrigação mundana. Não faz dormir.

PEDRO
Antes pelo contrário.

CLODOMIRO
Não ajuda a digestão.

ALBERTINA
Não se toma.

CLODOMIRO
Não é chá chá, não é chá *tee*: é chá *thé*.

MARGARIDA
Tango!

D. MARIA
Pelo amor de Deus, não lembrem o tango!

CLODOMIRO
Diz muito bem: *Thé* tango! O chá polvilhado da melhor prata, a Argentina...

PEDRO
Eu prefiro a prata da casa.

CLODOMIRO
O maxixe?

D. MARIA
Que pandemônio!

Cena VII

Os mesmos, MME. DE ROCHA, PAULO, *a jovem poetisa* ADRIANA DA GAMA, LUZ DE LUCAS, *da legação de Nicarágua.* CLODOMIRO *foi ao terraço.*

PEDRO
Esta imensa futilidade! Como o amor transforma! Estou aqui como num deserto à espera da estrela.

D. MARIA
Rei Mago! (*precipita-se*) Minha querida.

MME. DE ROCHA
Ma très-chère! (*a Margarida*) Marguett!

MARGUETT
(*efusão*)
Sweet love (*beijando-a*) *Well! Well! Well!*

PEDRO
Por que diabo fala inglês a Margarida?

ALBERTINA
Ela fala sempre inglês quando está comovida. Você sabe muito bem...

MME. DE ROCHA
Darling! Bonjour, Pedrô.

PEDRO
Boa tarde.

ALBERTINA
(*a* ADRIANA)
A linda Musa como vai?

LUZ
Con estos poetas hay siempre mucha melancolía...

CLODOMIRO
(*voltando do terraço*)
E o maldito do automóvel que não vem... Oh! Mme. de Rocha... *Mais quel éblouissement!* Encantadora! Luz!

Luz

Clodomiro, *mira que estás mucho francés.*

Clodomiro
(*superior*)
Que se há de fazer, dona Luz? Todos nós temos que falar francês. É o protocolo.

Luz
Ya lo creo, hombre. Pero és un costumbre que me fatiga. En mi tierra el protocolo és independiente!

D. Maria
Cada um fala a língua que pode. Não acha, Paulo?

Paulo
A este propósito lembra-me o caso de um matuto pernóstico com um coronel que sabia falar.

Pedro
Temos anedota!

Paulo
O matuto descrevia uma caçada. Chega a um ponto e disse: "Nisso passou de corrida um *largato*". "Lagarto!", interrompeu o coronel. O matuto coçou a cabeça, humilhado. Mas não

querendo confessar o erro, tornou com a voz suave: "Nisso passou de corrida um *largato* que..." "Lagarto!", berrou o coronel furioso. O matuto coçou-se de novo sem coragem, mas murmurou: "Nisso passou de corrida um bicho, tão depressinha que eu até agora não sei bem se foi lagarto ou *largato*!" (*todos riem*) Por mais que façamos havemos de dar dois nomes para cada bicho, um em português e outro na língua da moda.

MME. DE ROCHA
Você não tem graça nenhuma.

PAULO
Nem quero.

CLODOMIRO
(*invencível*)
Como eu dizia ainda há pouco: o salão de D. Maria *c'est le dernier salon où l'on cause...* Que espírito esparso no ar! Que sensualidade espiritual!

MARGARIDA
Why?

PEDRO
E nesta linguagem tricolor que significa a língua da Marguett?

D. Maria
O inglês que poucos falam.

Paulo
Positivamente a libra esterlina!

Mme. de Rocha
Este *largato* está hoje impossível!

Clodomiro
O espírito de Mme. de Rocha! Ainda outro dia eu dizia no meu jornal que nem Rivarol tinha o *à propos* das suas *reparties*!

Luz
Muy bien.

Pedro
E dizer que eu já gozei nesta frivolidade, Amor, transformador!...

Paulo
A propósito de *reparties* sei uma anedota.

Albertina
Não, chega!

Luz
Pára con las anedotas.

Todos
Basta! Basta!

Mme. de Rocha
Certamente vocês ignoram, vendo a Adriana tão quieta, a transformação que ela ousou nos recitativos.

Clodomiro
Como? Uma transformação! E eu que não sabia!

Todos
Qual é? Adriana! Responda!

Adriana
(*descendo a cena*)
Meu pobre Clodomiro! É verdade. Nada mais simples, entretanto. Estou agora a compor alguns poemas em prosa. Apenas. E recito-os com acompanhamento de instrumentos de corda. Esses acompanhamentos são como o cenário espiritual onde o poema, isto é, a alma arqueja, debate-se, sofregamente. Como os heliotrópios, o venábulo solar!

Pedro
Que pedante! E dizer que eu já tomei a sério tudo isto. Como a paixão transforma!

Clodomiro
Divino!

ALBERTINA
Deve ser curioso!

ADRIANA
Estas prosas cantam o desejo que a todos iguala.

D. MARIA
Mas poderíamos ouvi-la!

TODOS
Sim! Sim!

ADRIANA
Oh! não!

CLODOMIRO
Em nome da arte!

ADRIANA
Mas preciso de acompanhamento.

MME. DE ROCHA
Il y a les tziganes!

LUZ
No te le dê cuidao los músicos.

ADRIANA
Seja! Que a orquestra toque uma triste modinha em surdina.

D. MARIA
Mas já! (*sai um instante*)

ALBERTINA
Que idéia, hein?

PAULO
Tudo quanto há de mais nacional. Reentramos no sabiá.

MME. DE ROCHA
Oh! ce n'est pas du tout du sabia!

PAULO
O sabiá *ne chante pas ici comme là-bas?*

(*Ouve-se em violões dos tziganos a surdina da modinha. As senhoras e os cavalheiros sentam-se. Paulo junto de Margarida. Luz só. Pedro no outro extremo, junto a D. Maria. Adriana toma atitude.*)

ADRIANA
Serenata. (*recita com um ar extremamente Musa contemporânea*) Serenata! Gorros de veludo, plumas em ponta, escadas de seda sob as gelosias sombrias. Palácios escuros, ruas estreitas em cuja escuridão reluzem os floretes como perdidos raios do luar do alto. Romeu, Verona, susto, receio, Florença, Bocácio, afoiteza, sorri-

so. Sons de corda que são diapasão de almas, sons que ligam o coração escondido e o coração que se arrisca. Voz que junta no ar o beijo dos lábios distantes. Serenata, sensualidade... indizível vibração de amor.

Serenata! Chapéu mole, lenço ao pescoço, gargantas cheias d'ais.

Casas humildes, ruas sombrias, em cuja penumbra riscam navalhas o suspiro dos raios. Pobres vagabundos, tímidos namorados, assassinos, miseráveis, coitados... Escada de ouro dos infelizes, pira de incenso dos desgraçados, bordões feitos de lua. Voz mágica que exprime o ideal dos sem ideal. Aracné do desejo tramando em arpejos as teias da volúpia. Som de âmbar pedindo gozo, ímã de duas bocas, eflúvio embriagador. Serenata, sensualidade – amor... – (*murmúrio de aplauso*)

PEDRO
Como comove ouvir falar de amor – quando se ama...

D. MARIA
Psiu!

PAULO
(*a Margarida*)
A propósito de serenatas...

MARGARIDA
(*irritada*)
I can't concentrate my attention in your anedotes.

PAULO
Yes! Não compreendi uma sílaba.

MARGARIDA
I don't hear anything!

PAULO
(*sem compreender*)
Yess!... Yess!...

ADRIANA
(*recitativo*)
Serenata! Amavio de rouxinóis que cada um tem n'alma; suspiro da noite retardando a aurora, berço de sons em que se embala o coração. Transformador dos maus. Mefistófeles escarlate tornando ao luar roxo de saudade. Inocência dos homens, perdição das mulheres, ângulo de arminho da tristeza da vida. Werther com esperança; D. João enternecido. Serenata! Parsifal aéreo ondulando o graal dos sentidos...

Serenata! Metamorfose da vérmina humana, óleo sagrado dos miseráveis, caça de amor na floresta das ruas, uivo do instinto que se faz arrulho, bem dos desgraçados. Nevrose, espasmo, êxtase. Ariel de amor, delicadeza sonora, pólen invisível do desejo. Serenata, cantárida da volúpia! – (*murmúrio*)

Luz

Caramba! *Que non hay lo que se poner!*

Mme. de Rocha

Épatant!

Clodomiro

Maravilhoso!

Pedro

Esta menina diz extravagâncias e eu cada vez estou mais comovido. O amor, como transforma!

Adriana

(*recitativo final*)

Serenata! Quando te ouço, ó música do luar! Minh'alma canta a rapsódia dos desejos como um cristal reflete as luzes que dele se apossam e varam e queimam e iluminam, na noite ardente. Quando te ouço, é como se me esmagassem e no ar me librasse. Turbilhões de estrelas e trevas imensas cegam-me o olhar. Nastros de rosas prendem-me como carícias. Todos os perfumes, suspiros do oceano e gemidos da terra, asfixiam-me. Eu quero viver, eu quero morrer. Serenata, espelho das almas, pantera alada. Luxúria! Quando te ouço, eu tenho medo, eu tremo, eu escuto, eu anseio, arrepio, desvario do teu desvario! Serenata, som do mundo amoroso, polvo-beijo do amor infinito... (*grandes aplausos. Adriana cai numa cadeira, exausta. Correm a ela*)

MARGARIDA
Sweetheart! Sweetheart!

CLODOMIRO
Por Nossa Senhora, que tem?

ADRIANA
Nada, meu pobre Clodomiro. Eu sinto demais.

MME. DE ROCHA
(*a Paulo*)
Ela sente demais.

PAULO
(*a Albertina*)
Ela sente demais...

ALBERTINA
(*a Luz*)
Ela sente demais!

D. MARIA
(*a Pedro*)
Ela sente demais...

LUZ
(a D. Maria)
Ella siente demás!...

PEDRO
Boa dúvida. Com essas coisas não se brinca. Oh! D. Maria, a Adriana, a serenata, as palavras loucas – são bem o tormento da espera, desta espera que me desespera.

D. MARIA
O melhor do chá é esperar por ela.

PEDRO
O pior! Perdão! Eu já não sei o que digo! Eu sinto demais.

D. MARIA
Como a Adriana? Então é com certeza epidemia... *(entretanto, em cima, dão-se em torno de Adriana estas palavras)*

CLODOMIRO
(frasco de sais)
Melhor?

ADRIANA
Bem, muito bem.

MME. DE ROCHA
Heureusement! Ficaria tristíssima...

PAULO
Que serenata tremenda!

MARGARIDA
Very beautiful! Very nice!

Cena VIII

Os mesmos, MME. BASTOS *e* TROMISKROFF

MME. BASTOS
Oh! mas que houve?

ALBERTINA
Adriana que recitou o seu poema em prosa "A Serenata"...

MME. BASTOS
De quem?

PEDRO
Verdadeira maravilha.

TROMISKROFF
Que pena! Muito comprido! Clodomiro, como vai você? (*caminha para quantos ainda não viu, dando o aperto de mão e indagando em voz de comando*) – Você? Você? Você?

Mme. Bastos
Homem insuportável! Até a Serenata fez-me perder! Eu que não perco... Muitos cumprimentos, Adriana. Não ouvi, mas é como se ouvisse. A literatura é agora um passatempo de boa sociedade.

Paulo
Como diz Mme. de Rocha em português: A boa sociedade demonstra assim que se *suffit*...

Mme. de Rocha
E que *en a assez* das suas impertinências!

Tromiskroff
Literatura muito bonita! Mas eu gosto mais da dança. Dança verdadeiramente passatempo.

Clodomiro
(*bate na testa*)
E o automóvel do ministro do Japão! Esquecia-me! (*corre ao terraço, espia*) Será possível que o Japão se tenha esquecido de me mandar um automóvel?

Paulo
Descansa! Se não vier o auto, vem pelo menos um pára-sol.

CLODOMIRO
Este Paulo! Mas que espírito!

PAULO
Obrigado, mestre. (*neste momento o cantor recomeça a cantar dentro*)

TROMISKROFF
Outro cantor! Estão cantando de novo.

ALBERTINA
Realmente, não tinha reparado.

ADRIANA
Clodomiro, leva-me a tomar um cálice de xerez.

CLODOMIRO
A Adriana ordena. (*a Paulo*) Com licença.

PAULO
(*curvando-se*)
Tu duca, tu signore, tu maestro... (*saem Clodomiro e Adriana*)

MME. BASTOS
Terá a Adriana inclinação?

D. MARIA
Por quem é, Mme. Bastos!

Mme. Bastos
Os gostos estão tão esquisitos hoje em dia! Eu teria pena em ver uma menina tão... enfim, tão literária casando com um rapaz também tão...

Albertina
Tão literário.

Mme. de Rocha
Fica literatura demais.

Mme. Bastos
Você o diz! O que me conforta é que os tempos de hoje não são os de ontem.

Pedro
Claríssimo.

Mme. Bastos
Antigamente, uma jovem quando se apaixonava, quase sempre entisicava, e às vezes até morria...

Tromiskroff
Coitada!

Paulo
E hoje?

Mme. Bastos
Casa com outro.

Tromiskroff
É do canto! Bonito canto, mas demais. Senhora D. Maria, se parasse o canto?

D. Maria
Estão cantando? Ah, sim. É verdade. Mas Tromiskroff o canto é para animar.

Tromiskroff
Bonita animação. Ninguém escuta. Só eu. Senhora D. Maria, vou mandar parar o canto.

D. Maria
Se é sua vontade, Tromiskroff...

Mme. Bastos
É incrível este sujeito.

Tromiskroff
E faço executar pela orquestra uma música séria, que toda a gente escuta, sem canto: o tango.

Todos
Oh! sim! bravo!

D. Maria
O tango foi proibido pelo Papa. (*Tromiskroff cumprimenta e desaparece*)

Luz
El Papa tiene mucho esprit. Hace él lo que nos hacemos con el cantor: non lo escucha...

D. Maria
Mas este homem desorganiza-me!

Paulo
Não é Tromiskroff, é Tangoskroff. (*dentro, parada súbita da voz*)

Mme. Bastos
Pronto! Lá torceu o pescoço ao cantor. (*ouve-se em seguida um tango*)

Albertina
O tango!

Luz – *El tango, cielito...*

Mme. Bastos – Essa dança parece o jogo da cabra-cega com os pés.

Paulo – O tango!

Margarida – O tango!

Mme. de Rocha – *Pas appris encore les cortés de gauche...*

(*Caminhando insensivelmente todos para a porta do salão. Vão saindo. As últimas são Luz e Margarida.*)

D. Maria
Minhas amigas, não vão dançar esta dança proibida pelo Papa.

Margarida
Só ver.

Luz
E lo bailar! (*saíram. Paulo desce do terraço*)

D. Maria
Não, o tango não. Adotemos uma tradução! Consinto no *one-step*! (*mudança brusca na orquestra*)

Cena IX

D. Maria *e* Pedro

D. Maria
Ainda estava cá?

Pedro
Sabe bem que sim. O *one-step* enerva-me.

D. Maria
Mas você é um one-stepista terrível.

PEDRO
Estou muito mudado. O que me admiro é a senhora consentindo nessas danças!

D. MARIA
Contingências sociais! Faço como o Papa: não ouço...

PEDRO
Os meus respeitos.

D. MARIA
Parte?

PEDRO
Irene não vem mais. Eu hoje estava cá à sua espera. Não vindo, ela diz claramente que me recusa.

D. MARIA
As mulheres sensíveis são muito complicadas. Talvez ainda venha.

PEDRO
Seria crueldade fazer-me esperar como esperei, só por prazer.

D. MARIA
O prazer das mulheres é a tortura dos homens. Faça o que quiser. Até já. (*sai*)

Cena X

Pedro *e* Irene

PEDRO
(*só*)
Enigmas. Como o amor transforma! Ninguém me compreende! Não compreendo ninguém. Nem a mim mesmo... Decididamente... (*caminha*)

IRENE
(*aparece. Encontro*)
Oh! boa noite!

PEDRO
A senhora! Enfim veio!

IRENE
Esperou muito?

PEDRO
Desde as quatro horas.

IRENE
Então cheguei a tempo!

PEDRO
Sim. Isto é, sim, propriamente...

IRENE
Então cheguei tarde?

PEDRO
Também não. Enfim, para mim chega tão bem que chega tarde, chega a tempo, chega como quiser.

IRENE
É o começo do madrigal que me mandou anunciar por D. Maria?

PEDRO
E que não teve pressa em ouvir.

IRENE
Se era fatal!

PEDRO
Irene, há duas horas e meia espero a sua decisão. Não faltou à sua promessa de vir. Obrigado. Mas qual a sua resposta agora? Posso fazer o madrigal?

IRENE
O senhor é tímido como todo homem superior?

PEDRO
Como todo homem que ama.

IRENE
Então deixe o madrigal para o Papa, que é paciente, e vamos dançar o *one-step*.

PEDRO
Irene! A senhora é uma santa! O *one-step* é o caminho do céu.

Cena última

Os mesmos e D. MARIA

D. MARIA
Que vejo! Então não se foi? Então não acha má a dança?

IRENE
Minha boa amiga!

PEDRO
O seu chá, D. Maria, é o melhor dos chás do mundo! Juro que jamais esquecerei este *five o'clock* (*vendo o relógio*) todos os dias às seis horas e meia!

D. MARIA
Et voilà o que é um chá das cinco entre nós!

(Pedro beija a mão de Irene, enlaça-a. E o pano desce, enquanto a orquestra continua a tocar o one-step, *e vêem-se os pares a dançar com entusiasmo.)*

(Cai o pano.)

A BELA MADAME VARGAS

Peça em três atos

Representada pela 1ª vez a
22 de outubro de 1912, no Teatro Municipal,
do Rio de Janeiro, pela companhia oficial
Eduardo Vitorino.

PERSONAGENS DA AÇÃO

Hortênsia Benevente de Vargas
Carlos Vilar
José Ferreira
Barão André de Belfort
Maria de Miraflor

PERSONAGENS COMPLEMENTARES

Baby Gomensoro
Mme. Azambuja
Carlota Paes
Julieta Gomes
D. Eufrosina
Gastão Buarque
Deputado Guedes
Fiorelli
Brás
Antônio

Época: 1912, talvez a semana passada.

Ação: em 36 horas, entre o salão de música e o terraço do esplêndido *villa* de Mme. Vargas no alto da Tijuca.

ATO PRIMEIRO

(*O esplêndido terraço do* villa *de Mme. Vargas. À direita, avançando sobre o terraço entre grinaldas de rosas e trepadeiras floridas, a fachada da linda casa, com varanda e escadaria. Para essa varanda dão a larga janela e a porta do salão de música. No fundo balaustrada de mármore. Do terraço domina-se um maravilhoso panorama de floresta, deslizando para a baía embaixo, ao fundo. Embaixo os jardins do palacete.*

Entretanto são cinco horas de um dia de inverno e há nesse terraço um chá ao ar livre. As pequenas mesas já estão dispostas, com gosto e com muitas flores. Os criados dão os últimos cuidados à organização geral. Ouvem-se no salão de música risos, e pedaços de uma cançoneta parisiense. Quando abre o pano estão em cena, de casaca, a arrumar as mesas ANTÔNIO *e* BRÁS.)

ANTÔNIO

A idéia de tomarem chá no terraço *c'est très bien*.

BRÁS

Pois sim. Desde que te dêem ares e haja palavras estrangeiras, ficas satisfeito. Eu é que não. Estou aqui, estou a deixar isto. Olha que é trabalho. Chá no salão, chá nos quartos, chá no terraço, chá em toda a parte, chá a toda hora...

ANTÔNIO

É a civilização, rapaz...

BRÁS

Mas de dinheiro, nem cheta. Preferia menos chá e mais massa. Tu a olhar-me com esses modos superiores. Não sou eu só. Na copa todos se queixam.

ANTÔNIO

Mas ficam?

BRÁS

A ver se recebem...

ANTÔNIO

C'est très bien. As casas assim, ainda são as melhores. De repente vem o dinheiro. Olha, eu, enquanto houver tapetes, música, chá, comedorias, vou esperando. *Ça me va*. Nasci para o luxo.

BRÁS
Palerma!

(Neste momento aparece no alto da escada, vindo do salão de música, D. MARIA DE MIRAFLOR.)

D. MARIA
Então, meus rapazes. Tudo bem?

ANTÔNIO
Como V. Ex.ª vê muito bem. O homem das flores é que não as queria deixar.

D. MARIA
Muda aquela mesa para o canto. Mas deixou?

ANTÔNIO
Assim? Deixou. Prometi ir logo lá.

D. MARIA
Brás, arranja o samovar.

BRÁS
Que samovar?

D. MARIA
O aparelho do chá. Digo-lhe todos os dias a mesma coisa. Ainda não sabe?

Brás
E eu também, senhora D. Maria, digo-lhe todos os dias o mesmo sem ser atendido.

D. Maria
Brás, que é isso? Comigo? Vá, olhe que sou eu...

Brás
(*parece resignar-se*)

(*De resto, chega nervoso e álacre* Carlos Vilar.)

Carlos
Boa tarde.

D. Maria
Oh! Carlos...

Carlos
Muito ocupada?

D. Maria
Dando os últimos toques ao chá.

Carlos
Sala cheia, não?

D. Maria
Os de costume.

CARLOS
Parece estar contrariada.

D. MARIA
Quem sabe?

CARLOS
Comigo?

D. MARIA
Ainda ontem no Lírico você parecia um detetive americano, sempre de binóculo a varejar o nosso camarote. Por que faz isso?

CARLOS
Não tinha razão?

D. MARIA
Não tinha o direito. São coisas tão diferentes a razão e o direito que o direito foi feito para dar razão a quem não a tem. Você não só não tem direito, como não tem razão, nem juízo.

CARLOS
Má.

D. MARIA
Conheço-o muito bem.

CARLOS
Oh! D. Maria, seja minha amiga. Sinto qualquer coisa que parece me anunciar uma grande transformação das coisas.

D. MARIA
É o mundo que vai acabar.

CARLOS
(*pensativo*)
Quem sabe?

D. MARIA
Apenas comigo esses ares são menos úteis. Seria muito melhor que não tivesse o desejo de prejudicar os outros.

CARLOS
Está insuportável!

D. MARIA
E você então!

(*Os risos no jardim interrompem o diálogo. Entram* JULIETA GOMES, CARLOTA PAES, GASTÃO BUARQUE, en coup de vent.)

D. MARIA
Sejam bem-vindos os retardatários!

JULIETA
Já acabou o chá?

CARLOTA PAES
Good evening! Não há mais ninguém?

D. MARIA
Como vocês vêem!

JULIETA
Oh! uma corrida louca pela montanha. O automóvel do Gastão é tão doido como o dono!

GASTÃO
Fala de prazer.

CARLOTA
Devo estar descabelada, pois não?

CARLOS
Está ainda mais bonita!

CARLOTA
Obrigada. Sempre amável.

JULIETA
Muita gente?

D. MARIA
Todos no salão de música, jogando o *puzzle*.

CARLOTA
Vamos ver isso. (*sobe a escada e sai*)

D. MARIA
E há também a Baby ensaiando o *Elle était souriante*.

CARLOS
Entremos. A Baby ensaiando! Deve estar aflita para que a interrompam.

(*O grupo alegre sai subindo a escada. Há risos. Depois palmas. A cançoneta continua dentro. E no terraço um momento deserto aparecem o* BARÃO ANDRÉ DE BELFORT *e* JOSÉ FERREIRA.)

BELFORT
Chegamos no melhor momento, meu caro José. As mesas de *bridge* já devem estar organizadas e não falta ninguém. Nas recepções cariocas só é prudente entrar quando a dona da casa já não precisa de parceiros para o *bridge*, nem de figuras para os *flirts*.

JOSÉ
Oh! barão, recepções! que grande palavra para um chá simples, na mais simples intimidade!

BELFORT
Mas onde viu você uma festa no Rio que não

fosse íntima? Como somos sempre os mesmos, ainda não fomos apresentados e já nos conhecemos intimamente. Mesmo um grande baile é uma festa íntima.

José
Maldizente!

Belfort
De resto, vamos assim muito bem. A única intimidade possível hoje em dia é fingir que sabemos da vida alheia. Com os amigos escapamos de logros e com os indiferentes, nada há que melhor nos coloque. A maioria das pessoas a quem cumprimento não me foi apresentada. Acontece a muitos o mesmo. E é esplêndido. Um homem que trata toda a gente de você e pergunta pela família dos desconhecidos é um tremendo valor. Por isso nós nos tratamos todos por você.

José
É o que se chama exagerar.

Belfort
O exagero é a personalidade da observação.

José
Quando a observação é a de um espírito tão superior...

BELFORT
Jovem lisonjeiro!

JOSÉ
Se entrássemos?

BELFORT
(*sentando-se*)
Um minuto ainda. Mas que orgia floral, que encanto! Estamos de fato muito bem. Decididamente Hortênsia tem gosto.

JOSÉ
Perdão...

BELFORT
Hortênsia ou a tia.

JOSÉ
(*acentuando*)
Mme. Vargas tem de fato muito *chic*.

BELFORT
(*encara-o um segundo*)
Quê? Então é verdade? O meu jovem amigo também está apaixonado?

JOSÉ
Oh! Barão! Também?

BELFORT

Perdão. Não quero com isso ofender ninguém. Mas conheço Hortênsia há largos anos e vejo-a sempre vítima de paixões. (*gesto de José*) Vítima é o termo, porque as recebeu sempre com a mais glacial indiferença.

JOSÉ
(*alegre*)

Com efeito?

BELFORT

Talvez por isso seja levado a estimá-la mais, como quem a defende. Não tem culpa a pobrezinha de causar paixões. Mas quanto mais gélida se faz, mais amores provoca. Amores? Não são amores, são loucuras. Já lhe contaram que antes de casar com o Vargas, Hortênsia foi a causa de duas mortes?

JOSÉ

Duas?

BELFORT

A do estudante Teotônio Rodrigues, que se precipitou de uma pedreira, e a do velho conselheiro Gomide que tomou Lisol.

JOSÉ

Mas o conselheiro não morreu.

BELFORT

Acha você que um conselheiro, mesmo não morrendo, possa sobreviver a um suicídio por Lisol? O enterro é no caso um epílogo sem importância – como aliás todos os enterros.

JOSÉ
(*rindo*)
Pelo menos para os que são enterrados.

BELFORT
(*continuando, tom de narrativa*)
A terceira morte de que Hortênsia foi causa involuntária...

JOSÉ
Quê? Mais uma?

BELFORT
Aquela da qual ninguém fala: o casamento.

JOSÉ
O barão está sempre a brincar.

BELFORT
O fato é que Hortênsia nunca amou o marido. Creio que o pobre Vargas partiu para o outro mundo, descorçoado de realizar o impossível. Era o bastante? Parece que não. A epidemia sentimental continua. Teremos mais algum desastre.

JOSÉ
E Hortênsia a dizer-me que o senhor é o seu melhor amigo!

BELFORT
Hortênsia é inteligente, percebe que, sendo eu o único a não lhe fazer declarações, devo ser o mais amigo.

JOSÉ
Oh! Barão!

BELFORT
Claro. Já viu você desastre maior do que uma pessoa que tem amor por outra? Quando não é a desgraça de ambos é pelo menos o desastre de um.

JOSÉ
Do que ama ou do que é amado?

BELFORT
Do que tiver menos sorte. Hortênsia por exemplo é sempre obrigada ao papel de Vênus destruidora, numa época que é a negação da mitologia.

JOSÉ
(*grave*)
Como o barão labora em erro. Hortênsia é tão boa!

BELFORT
Não digo o contrário.

JOSÉ
Deve saber melhor do que eu, que se ela casou, casou por conveniências de família e soube apesar disso honrar o nome de seu marido.

(*pausa*)

BELFORT
Como o sinto diferente, José, desta sociedade!

JOSÉ
Ela é então muito má, para que me admire tanto?

BELFORT
Não. Todas as sociedades são mais ou menos assim. A única sociedade sem perigo seria a da própria pessoa, se não acabasse por aborrecer, o que leva às vezes ao suicídio. Acho-o diverso, entretanto, porque se abstém das intrigas, das calúnias, do *debinage* – por esta larga força de afirmar...

JOSÉ
Cheguei há quatro meses apenas. Ainda não tive tempo de ser mau.

BELFORT
Porque não chegou todo ele senão para ver Hortênsia.

JOSÉ
Como não a compreendem! Hortênsia é um coração puro, meigo, capaz de amar.

BELFORT
Muito bem!

JOSÉ
Falo sério.

BELFORT
Eu também. Quando me falam com tamanha solenidade, tenho a impressão de que me vou aborrecer. Então digo muito bem. Digo muito bem, para refletir no que as palavras escondem. Ora, neste momento sou capaz de jurar que já declarou a sua paixão e que ela foi bem recebida.

JOSÉ
De fato.

BELFORT
(*retraindo-se*)
Ah!

JOSÉ
Parece-lhe extraordinário?

BELFORT
Só as coisas sem importância são extraordinárias.

JOSÉ
Não sou como os outros, barão. Há muito tempo guardava em segredo o meu amor. Só depois de pensar muito, declarei-me. E quando pedi a mão de Hortênsia, ela estava comovida, o seu olhar foi tão profundo, que nunca mais esquecerei esse instante imenso.

BELFORT
Pobre Hortênsia!

JOSÉ
Não acha que se enganava?

BELFORT
O amor vem quando menos o esperamos. Para quando o casamento?

JOSÉ
Espero hoje falar a minha mãe. Sou maior, formado como toda a gente, possuidor de uma fortuna não pequena. O casamento será logo que queira Hortênsia. Procurarei ser apaixonado mas amigo.

BELFORT

Será espantoso se realizar essas duas coisas contraditórias – ao mesmo tempo.

JOSÉ

Mas barão, peço-lhe o maior sigilo. Uma frase comprometer-me-ia, Hortênsia fez-me jurar segredo. Quer partir. Quer casar fora daqui. Também tem medo da sociedade em que vive. É de um nervoso. Tem sofrido tanto!

BELFORT

Acho que faz bem.

JOSÉ

Em esconder um ato honesto?

BELFORT

É que ela o julga por demais grave. Que vê o José aqui, em redor do seu amor? Senhoras, meninas, rapazes, a rir e a flertar. Parecem-lhe inofensivos? São perigosíssimos, feitos de despeitos, de invejas, de egoísmos. É uma sociedade que se forma de aluvião em torno do Dinheiro – que a maioria tem por hipótese. Há gente rica hoje e amanhã sem real continuando a viver como quem tem dinheiro; há damas que caçam o amante como quem caça borboletas e meninas que caçam maridos como quem caça a raposa. Os rapazes, alguns parecem milionários, numa idade em que poderiam jogar a pelota, e outros não têm profissão no momento em que é preciso trabalhar.

JOSÉ
E de que vivem?

BELFORT
Os que parecem ricos?

JOSÉ
Os outros.

BELFORT
Do crédito dos que parecem ricos, do nome das famílias, da complacência geral. São esses rapazes encantadores, bem lavados, bem vestidos, bem perfumados, que não renunciam a nenhum prazer, devem a todos, e cometeriam crimes para beber *champagne* nos *clubs*, flertar, ter amantes, gozar – se não tivessem medo ao código. Toda essa gente acumula despeitos contra os que encontram a felicidade. Hortênsia defende-se do ataque há muito tempo, à espera do Lohengrin. Tapem os ouvidos e fujam.

JOSÉ
O senhor é fulminante.

BELFORT

Digo apenas o que todos sabem. Sou banal! (*mudando de tom*) Mas estas flores! As flores anunciam sempre o desejo que tem a gente de ser ou parecer feliz. Estas são mais denunciadoras que uma declaração.

JOSÉ

Entretanto, só agora percebeu.

BELFORT

É que eu só compreendo logo o que não é possível. Entremos, meu caro José, a conversar com essas damas.

(*No alto da escada aparece* D. MARIA. *Ouve-se a cançoneta sem compasso.*)

D. MARIA

Oh! Aqui? Por que não entram?

JOSÉ

Acabamos de chegar. (*apertos de mão*)

D. MARIA

Bem?

BELFORT

Pessimamente bem.

D. Maria
Fala da cançoneta ou da sua saúde?

Belfort
De ambas.

D. Maria
Pois perdeu em não entrar. Fizeram um *puzzle tout à fait réussi*.

José
Quem acertou mais?

D. Maria
A Renata de Azambuja. (*ao criado* Brás *que entra com o aparelho do chá*) Ponha o samovar na mesa do centro. Bem. Leve os chapéus dos senhores. (*Brás executa as ordens e sai*) É preciso repetir todo o dia a mesma coisa. Os criados são cada vez menos inteligentes.

Belfort
A razão é simples: os inteligentes mudaram de profissão.

D. Maria
Deram em vagabundos?

Belfort
Não, deram em patrões. A profissão de patrão ainda é a menos desacreditada das profis-

sões, mesmo quando não paga. Um criado deve desejar o que parece mais sério.

D. Maria
(*rindo*)
Onde está o seu juízo, barão?

Belfort
No bolso, D. Maria. O juízo traz a gente no bolso para não incomodar os conhecidos.

D. Maria
Então, peço-lhe que o mostre agora. Temos no chá meninas e velhas rabugentas.

Belfort
Que me diz? E a senhora ainda não perdeu o seu juízo em tão respeitável companhia?

D. Maria
Não perdi e vou chamá-las até.

José
Parece não ser preciso.

(*De fato. Entram* Hortênsia de Vargas, D. Eufrosina Gomensoro, Baby Gomensoro, Carlota Paes, Julieta Gomes, Carlos Vilar, Gastão Buarque, Deputado Guedes. *Essas pessoas vão entrando aos poucos, saídas*

*do salão, a conversar com animação. Apertos
de mão. Beija-mão. Trocam-se as primeiras
frases, ao sentarem-se segundo as simpatias.
Os dois criados fazem discretamente o serviço.
Há nos gestos de Carlos uma permanente
inquietação.)*

MADAME VARGAS
Como vai o meu caro amigo?

BELFORT
Receoso de perturbar a bela companhia.

JOSÉ
Ficamos de fora a ouvir.

MADAME VARGAS
Oh! Sr. Ferreira.

BELFORT
O José, a Maria e eu. Um quadro romântico: à beira do palácio, na estrada deserta, a Mocidade, a velhice e a Mulher ouviam a canção do prazer.

D. MARIA
Neste caso a mulher e também a velhice.

BELFORT
Nunca. A mulher está sempre para aquém da idade.

D. Eufrosina
Dr. Ferreira, bons olhos o vejam.

José
Minha senhora, encantado.

Baby
Então ouviu a cançoneta?

José
Logo vi que era a senhora.

D. Eufrosina
Minha filha tem o mau vezo de cantar cançonetas.

Julieta
Que tem isso de mal?

D. Eufrosina
Não foi a educação que lhe dei. No meu tempo as meninas não cantavam cançonetas.

Baby
E lucraram muito com isso!

Carlos
Eu gostei imenso. Tem até filosofia.

Baby
Não minta. Imaginem que era o Fiorelli o acompanhador. Fiorelli só gosta de acompanhar músicas aborrecidas: a ária do suicídio da *Gioconda*, o dueto da *Tosca*. A cada passo atrapalhava-se. Ri todo o tempo.

Deputado Guedes
Mademoiselle canta com grande expressão. Eu preferiria contudo que deixasse o gênero francês.

Baby
Por quê?

Belfort
Como havia de ser se ninguém mais compreende o português?

Carlos
Só se cantasse em inglês.

Deputado Guedes
Perdão. Apesar da invasão das línguas estrangeiras ainda há muita gente que resiste.

D. Eufrosina
Sou da sua opinião.

D. Maria
Mas que gente é essa?

BELFORT
Onde encontrá-la? Na Câmara, no Senado, na Academia? (*risos, conversa*)

MADAME VARGAS
(*a José baixo*)
Veio tão tarde...

JOSÉ
Há tanta gente, hoje...

MADAME VARGAS
Que importam os outros?

JULIETA
Com que então teremos o deputado Guedes batendo-se a favor da língua portuguesa na Câmara?

BELFORT
Será decerto o único. Vai ser uma tremenda campanha. Os seus colegas fazem o contrário: batem-se sem tréguas contra a gramática. É a luta no próprio reduto.

DEPUTADO GUEDES
Os senhores esquecem que eu sou apenas candidato ao reconhecimento.

GASTÃO
Mas foi eleito?

DEPUTADO GUEDES
A eleição é uma formalidade sem importância.

GASTÃO
Está enganado. No meu *club* é definitiva.

BELFORT
Mas no *club* da política depende do banqueiro.

CARLOS
D. Maria...

D. MARIA
(*baixo*)
Deixe de olhar assim Hortênsia!

CARLOS
Eu?

D. MARIA
Está a enegrecer uma vida digna de melhor sorte.

CARLOS
Mas são todos contra mim!

D. Maria
A seu favor, Carlos. Que interesse tem em aborrecer Hortênsia!

Carlos
Veja como conversa com o riquíssimo Ferreira.

D. Maria
Você perde a cabeça. Não seja infantil.

José
Onde se senta?

Madame Vargas
Sente-se do outro lado.

Belfort
(*olhando Gastão cada vez mais magro*)
Então Gastão, como vamos de *sport*?

Gastão
Cada vez melhor, senhor barão. Não me viu domingo no *team* de *football*?

Belfort
Francamente! É extraordinário o que este *sport* tem feito de bem aos rapazes. Dá-me a aparência de que não faz exercício.

Gastão
As aparências enganam.

Belfort
Talvez não... o exercício é o *sport* que se pratica para a própria higiene. E o *sport* é o exercício que se faz para dar que falar da gente. O senhor ao que parece só faz *sport*.

D. Eufrosina
Se *sport* é isso, então barão não há quem não seja esportivo agora.

Carlos
Todos mais ou menos tocam para o poste do vencedor.

José
Eu gosto imenso do *sport*.

Belfort
E faz algum?

José
Nenhum.

Belfort
Imagine o Gastão se o imitasse com que corpo estaria.

D. Eufrosina
Estes bolos são muito bons. Como os faz, D. Hortênsia?

Madame Vargas
Os bolos? Oh! isso é com a tia, D. Eufrosina.

D. Maria
Mandamo-los buscar fora.

Baby
Mamãe com idéias de bolos feitos em casa!

Julieta
Eu não sei nem os de palmatória!

Carlota
Que coisa pouco *chic*!

Belfort
Claríssimo. A única diferença entre a sociedade de agora e a que representa D. Eufrosina é que a de D. Eufrosina fazia os bolos em casa e a atual come todos os bolos sem saber onde são feitos.

Deputado Guedes
É um progresso.

Carlos
Ou pelo menos um aumento de despesa.

BELFORT
E também a origem da neurastenia. Os bolos fazem a dispepsia, a dispepsia a neurastenia, a neurastenia a extravagância. Enfim, procurando bem, o mal fundamental está em não saber fazer bolos em casa. Mas tomemos o chá. O amor é como o chá, dizia Ibsen.

CARLOS
Por isso é que tantas senhoras gostam de chá.

D. MARIA
Por quê?

CARLOS
Para mudar de xícara, sempre que podem.

CARLOTA
Não me canso nunca de admirar este panorama do terraço de Hortênsia. Não acha bonito, Dr. Guedes?

DEPUTADO GUEDES
Muito. Eu gosto do mar.

JULIETA
E eu!

JOSÉ
E Hortênsia?

MADAME VARGAS
Mais do que eles, acredite.

BELFORT
É impossível deixar de ter uma grande paixão pelo mar. Principalmente de terra, o mar é um sugestionador poderoso. Basta olhar para o mar para cair uma pessoa no largo domínio das idéias vagas. E nada mais agradável do que sonhar sentado num rochedo, como os poetas das oleografias românticas, ou mesmo na areia como faz a maioria dos contemplativos, no Leme. Um sujeito sem idéias, até sem ter tido a idéia de ter idéias, chega à beira da praia, olha o mar e tem logo meia dúzia de pensamentos. É fatal. O mar é um laboratório de imaginação e é por isso que eu explico a superprodução de poetas nacionais pela extensão das costas...

MADAME VARGAS
Tia, manda servir o chá aos que ficaram no salão.

(*D. Maria vai até a porta do salão.*)

JOSÉ
Muita gente?

MADAME VARGAS
Uma mesa de *bridge* e outra de *pocker*.

D. EUFROSINA
À mesa do *pocker*, sempre a ganhar aquele insuportável senhor Jesuíno.

JOSÉ
Mas o senhor Jesuíno é, segundo me disseram, seu parente afastado.

D. EUFROSINA
Infelizmente!

CARLOS
E é muito rico?

BABY
(*rindo*)
É um parente afastado que quanto mais rico fica mais se afasta.

D. MARIA
(*voltando*)
Como todos os parentes ricos.

D. EUFROSINA
Acho o gracejo, menina, de muito mau gosto...

BABY
São opiniões. Mamãe tem sempre opiniões que eu não tenho.

BELFORT
(*perto de Mme. Vargas*)
Parece-me nervosa, Hortênsia.

MADAME VARGAS
Realmente, um pouco.

BELFORT
Tenha calma e prudência.

MADAME VARGAS
Vê o que se passa?

BELFORT
Talvez não tenha importância.

MADAME VARGAS
Preciso do seu apoio, meu amigo.

BELFORT
Pode contar com ele.

BABY
(*indo ao grupo de Carlos e D. Maria*)
Que conversam vocês?

BELFORT
(*deixando Mme. Vargas*)
A apostar que conspiram contra a tranqüilidade de alguém?

CARLOS
Estamos a ver por quem se decide o Gastão. Se pela Julieta se pela Baby.

BABY
É uma pilhéria sem graça. Nesses casos eu é que decido e por ti é que não me decidiria nunca.

CARLOS
Muita pena.

BABY
(*rindo*)
A não ser que o barão quisesse...

(*Carlos afasta-se.*)

BELFORT
(*a Carlota Paes*)
Está hoje um pouco pálida, D. Carlota.

CARLOTA
Palavra? Diga-me então alguma coisa que me faça corar.

BELFORT
Não posso. D. Maria recomendou-me que tivesse juízo.

D. Maria
Mas as suas inconveniências são sempre interessantes.

Belfort
Reputação atroz!

Carlota
Parece-me que D. Maria foi de uma delicadeza...

Belfort
Ao contrário. Coopera conscientemente para me criar uma reputação. A reputação é a opinião alheia que só nos cria embaraços, mesmo quando é lisonjeira. Todos nós somos, graças a ela, vítimas uns dos outros. Só um homem cumpriu o seu dever na terra porque ainda ignorava a reputação.

Julieta
Quem?

Belfort
Adão! Horas depois tinha uma tal reputação que não fez mais nada digno de nota. E depois de Adão, D. Carlota, a reputação é que nos faz.

Deputado Guedes
Não apoiado.

CARLOS
Ninguém concorda com o barão.

CARLOTA
É um monstro!

JOSÉ
Que diz D. Hortênsia?

MADAME VARGAS
Eu nunca sou da opinião do barão.

BELFORT
Mas no dia em que eu tiver a vossa opinião, deixo de ter a vossa simpatia. O acordo foi sempre a trégua da antipatia...

GASTÃO
Pelo menos numa coisa, o senhor barão concordará conosco. Está uma tarde linda!

D. EUFROSINA
De fato. Uma beleza. Também esta Tijuca é um encanto.

DEPUTADO GUEDES
Um tanto perigoso para as famílias agora.

JULIETA
Como assim?

DEPUTADO GUEDES
Muito mal freqüentada à noite.

CARLOS
Gatunos?

D. MARIA
Qual! O Dr. Guedes refere-se aos automóveis, às ceias em más companhias.

CARLOS
(*ironia*)
Cocotes! Ceias! Automóveis? Horror!

BABY
Como deve ser interessante!

D. EUFROSINA
Menina!

BABY
Que tem de mal? Eu até agora só falei com uma cocote na minha vida. Mas gostei muito. Era uma senhora séria.

TODOS
Oh! Qual! Não! Não!

BABY
Palavra. Foi no carnaval.

D. Eufrosina
Menina, não conte isso.

Baby
Que tem mamãe, se já passou tanto tempo? D. Jesuína Praxedes com várias outras senhoras nossas amigas teve a idéia de passar uns "trotes" e de entrar nos *clubs* e bailes, onde os maridos pintam o sete. Mas precisávamos de um guia e D. Jesuína não queria homem. Então Carlota Paes lembrou a Argentina.

Carlota
Eu, não!

Baby
(*teimando*)
Você, sim. Você tinha lido o nome dela nos jornais e D. Jesuína exclamou até: uma mulher que tem vinte amantes e trezentos contos é de confiança...

Vozes
Oh! Oh!

Madame Vargas
Baby, você está dizendo inconveniências.

Baby
Mas se não tem nada de mal; D. Hortênsia?

BELFORT
E a Argentina foi?

BABY
Foram propor o caso ao palacete que ela habita. Ela custou muito a aceitar. Mas afinal acedeu. Saímos todos de dominó preto fazendo "A Mão Negra". Como nos divertimos! Pois quando uma de nós brincava demais, a Argentina dizia: *niñas tengan modos!* e ferrava-nos um beliscão. Parecia mais uma professora.

GUEDES
(*no riso geral*)
Cáspite!

BELFORT
Para mostrar como a moral é uma coisa, de que fazemos questão – nos outros...

BABY
Estão a rir? Pois a única que não foi reconhecida foi a Argentina...

BELFORT
Como o nosso caro Guedes. Sabidamente eleito e não reconhecido!

MADAME VARGAS
Essa brincadeira tem feito o sucesso da estação.

JULIETA
E a Argentina?

CARLOTA
Vai casar. Li nos proclamas.

CARLOS
(*a Hortênsia*)
Que pena!

MADAME VARGAS
Acha?

CARLOS
(*impertinente*)
Acho!

MADAME VARGAS
(*aos outros, nervosa*)
Começa a cair a noite. Se entrássemos?

CARLOTA
Eu parto. Tenho hoje a Ópera.

BABY
Eu prefiro descer ao jardim. Gastão acompanha-me.

D. EUFROSINA
Olha o sereno, minha filha.

(*Baby e Gastão saem para o jardim.*)

MADAME VARGAS
Não quero que partam sem ouvir um pouco de música. É tão cedo ainda. Se fôssemos ver os jogadores? Dr. Ferreira, o seu braço. (*baixo*) Hoje à noite no teatro.

JOSÉ
Muito obrigado.

(*Movimento geral. Vão saindo aos poucos, animada conversa. Ficam D. Maria e Carlos.*)

CARLOS
Bem. Vou-me embora.

D. MARIA
Já devia ter feito isso.

CARLOS
A senhora viu o convite, a provocação com que Hortênsia pediu o braço ao Dr. Ferreira?

D. MARIA
Carlos, você é desolador. Leva a contrariar-se, contrariando os outros. Hortênsia estava irritadíssima.

CARLOS
Não era por mim.

D. Maria
Não, era por mim.

Carlos
E se eu lhe falasse, D. Maria?

D. Maria
Se você não é doido, faz o possível por parecer. Para que falar a Hortênsia?

Carlos
Porque ela está zangada.

D. Maria
Vá-se embora, Carlos. É melhor.

Carlos
A senhora sabe tão bem que eu não vou! Não vou enquanto não falar com Hortênsia. Não me olhe assim. É cá uma coisa.

D. Maria
Paixão ou pedido?

Carlos
É cá uma coisa que me deu. Hortênsia é outra. Eu não vivo bem desde que apareceu esse homem. É idiota, bem sei, mas não posso. Se a senhora soubesse como me incomoda! Hoje não me continha. Hortênsia zangou-se. Vá cha-

má-la. Um minutinho. Estão a conversar. Não repararão. Diga-lhe que venha.

D. Maria
E se eu não disser?

Carlos
(*mais impertinente*)
Chamo eu mesmo. Não acha que fica mal?

D. Maria
Julgo-o capaz demais. Vamos ver. (*ao entrar no salão*) Ainda não se decidiu esse *bridge*? (*rumor dentro. Carlos encosta-se ao balaústre. Um minuto. Depois aparece Mme. Vargas*)

Madame Vargas
(*para dentro*)
Descanse, D. Eufrosina. Vou vê-los. (*alto*) Oh! senhor Carlos.

Carlos
(*alto*)
Retiro-me, D. Hortênsia. A sua festa esteve encantadora.

Madame Vargas
(*baixo*)
Que me queres tu?

Carlos
A boas horas!

Madame Vargas
Temos alguma nova desagradável?

Carlos
Não.

Madame Vargas
Ora temos. Devemos ter. O ar de censura, a impertinência, a frase de dúvida...

Carlos
Deve ser impressão sua. Anda nervosa demais!

Madame Vargas
E não tenho razão?

Carlos
Sei lá!

Madame Vargas
Levas-te a vigiar-me a tarde inteira.

Carlos
Talvez.

Madame Vargas
Só não viu quem não quis.

CARLOS
Eu, por exemplo, por que tinha de a ver a vigiar-me a mim?

MADAME VARGAS
Não me enerves, Carlos. Precisamos de tanta prudência. Tu bem sabes que não deves proceder assim!

CARLOS
Mas não faço nada, olho quando muito.

MADAME VARGAS
Comprometes-me de um modo perigoso. Todos reparam; hoje ninguém duvida!

CARLOS
Salvo os que a viram comprometer-se com outro.

MADAME VARGAS
Eu?

CARLOS
Nada de surpresas. Com o Ferreira.

MADAME VARGAS
Com o José?

Carlos
Com o José? Como as coisas caminham! Já o trata por José...

Madame Vargas
Mas acreditas que depois desta loucura contigo, eu arrisque outra loucura?

Carlos
Por que não? Nada de ilusões. É a vida. Preciso saber ao justo o grau dos seus sentimentos por mim.

Madame Vargas
Se fazes o possível para me desgostar!

Carlos
Parece-lhe?

Madame Vargas
Tu é que mostras mudar. Tomaste-me de assalto, creio que só para me fazer sofrer! Não dou um passo, não faço um gesto, que não te sinta a chamar-me, a dominar-me, a impor-me as tuas mais loucas extravagâncias.

Carlos
É que não gostei nunca de mulher nenhuma como de ti.

Madame Vargas
Meu Deus!

Carlos
Deploras!

Madame Vargas
Sinto como é superior essa frase de amor...

Carlos
Fazes ironia às minhas frases! Realmente. Não devem ter literatura como as do Ferreira.

Madame Vargas
Por que falas assim, Carlos? Agora, a cada instante volta o José à discussão. Tem tão pouca importância.

Carlos
(*num ímpeto*)
Tem tão pouca importância o quê? O José? Eu? A minha loucura? Talvez tudo isso junto. Ninguém pode adivinhar a intenção das tuas palavras. Continuas a mesma, a fazer sofrer, a torturar, a desgraçar...

Madame Vargas
Oh! não me fales de fazer sofrer! É tempo de acabar com essa legenda. E tu bastas para redimir as maiores faltas!

CARLOS
Queres dizer que sou eu quem te tortura?

MADAME VARGAS
Vamos a saber. Carlos, que queres?

CARLOS
Eu?

MADAME VARGAS
Mandaste chamar-me e não posso demorar-me. Que queres?

CARLOS
Mas por que esses ares de inimiga?

MADAME VARGAS
Pelo amor de Deus, dize o que desejas.

CARLOS
Desejo apenas que expliques claramente a situação.

MADAME VARGAS
Que situação?

CARLOS
A nossa. Não terás coragem de acabar logo com isso, e dizer francamente: aquele idiota convém-me, tem dinheiro. Ponha-se fora você!

Madame Vargas
Carlos! Estás provocando uma cena perigosa.

Carlos
Tu gostas dele sim, tu gostas. Nada de subterfúgios. Nada de medo. Sim. Tens a certeza de que eu perco a cabeça, e adias. Mas eu te forçarei.

Madame Vargas
Tu?

Carlos
Eu mesmo. Eu mesmo, Hortênsia. Porque cada vez mais não posso viver senão pensando em ti, porque cada vez mais quero ter a certeza. Vem cá. Escuta. (*toma-lhe a mão*)

Madame Vargas
Deixa-me. (*solta-se*)

Carlos
Não é possível que em três meses tenha acabado um amor tão grande. Lembras-te daquele teu bilhete, o único que me escreveste? Já o li tanta vez que até o decorei. "Espero-o hoje à noite. Deus perdoe a minha loucura. Venha à 1 hora". Essa loucura passou? Não podia ter passado! Nunca mais me escreveste, mas as loucuras não acabam de repente. E estas cenas que reprovas, que te contrariam, estes ciúmes são

do amor que te tenho. É sempre assim quando a gente se gosta.

MADAME VARGAS
Em que sociedade?

CARLOS
Em todas. Em amor somos sempre os mesmos. Quando a gente ama não há diferenças não. Convence-te. Mas se queres com isso fazer alusões aos *clubs*, aos meus hábitos antigos, enganas-te. A minha vida de alegria passou. Desde que te amei, nunca mais voltei a esses lugares. Só a ti amo e não quero, não quero que outro te tome. Só por isso te olho, só por isso te chamei, só por isso endoideço.

MADAME VARGAS
Mas tu me falas como se eu fosse qualquer. Tu duvidas de mim. Não te bastou o que fiz por ti?

CARLOS
Perdoa. É a doidice, é sem querer. Devo-te parecer muito mau?

MADAME VARGAS
Um pouco.

CARLOS

Que queres? Bem procuro conter-me, mas não posso. Sei que não tenho direitos e quanto mais te tenho mais receio tenho de perder-te.

MADAME VARGAS

E fazes-me sofrer.

CARLOS

É tua a culpa. Sim. Tratas-me mal, não me vês diante dos outros. Principalmente quando aparece esse moço rico – que aparece agora todos os dias.

MADAME VARGAS

Porque te fazes inconveniente! Ah! Carlos, não me contraries. Sabes lá como vivo neste meio em que se espia com volúpia a falta alheia. Se soubesses! Estás estragando a minha vida. É só por isso, ouves é só por isso que me desgosto.

CARLOS

Hortênsia!

MADAME VARGAS

Sim, sim. A nossa loucura deve ficar secreta. Dizes que me amas?

CARLOS

Duvidas?

Madame Vargas
Não, mas reflito. Ignoras por acaso a nossa situação? Sabes tão bem! Não podes casar comigo. Nem queres.

Carlos
Tu é que não quererias.

Madame Vargas
Não é possível. Nem tu, nem eu podemos – eu falha, cada vez mais falha de recursos. Não é justo que me queiras exibir como tua amante, para que eu veja todas as portas fechadas. Não é justo, nem digno.

Carlos
A tua frieza a refletir na loucura! Eu não faço tal, eu não quero nada!

Madame Vargas
Reflito como a vítima que se defende. E tu fazes tudo isso talvez sem querer, mas fazes.

Carlos
Estás arrependida do nosso amor, Hortênsia!

Madame Vargas
Tu, insistindo num ponto que conheces, é que me fazes arrepender. Tu é que me apontas o arrependimento.

Carlos
Não, não! Faço tudo sem sentir, sem querer. Tens razão, tens muita razão. Perdoa. Não posso casar, porque não tenho nem situação, nem dinheiro. Mas sabes? É instintivo. Quando te vejo com outros, que te cobiçam, que te acham bela, perco a cabeça, desconfio. Sou capaz de tudo.

Madame Vargas
Mas não tens razão de desconfiar.

Carlos
E se casares?

Madame Vargas
Se eu casar?

Carlos
Sim.

Madame Vargas
Creio que não vais proibir que eu me case?

Carlos
(*num ímpeto, quase alto*)
Mas então é verdade tudo quanto desconfio! É verdade que queres o outro, é verdade que me afastas, que me aborreces.

Madame Vargas
(*assustada*)
Carlos, por piedade, não insistas, nesta triste situação nossa, o teu cavalheirismo é, deve ser ajudar-me. Queres perder a minha vida, porque cedi aos teus desejos, não pode ser bonito, não pode parecer digno.

Carlos
Só pela maneira por que falas, vejo a tua indiferença.

Madame Vargas
Sou indiferente e dei-te o que não dei a nenhum outro homem, e faço conscientemente a loucura de te amar, e recebo-te aqui com risco de perder-me. Sou indiferente e entrego-me, dou-me. Eu!

Carlos
Hortênsia!

Madame Vargas
Sou indiferente, e sou o teu objeto, a tua vibração e ando no medo constante de ver que um dia acabas com tudo, e confio-te aquilo que uma mulher preza mais que o corpo: a própria reputação. Tens razão. E por quê? Porque queres estragar aos olhos de todos, egoisticamente, por vaidade, a minha salvação!

CARLOS
Não, Hortênsia, não.

MADAME VARGAS
Sabes as coisas, não ignoras nada da minha vida. Ainda ontem à noite eu to dizia pela milésima vez.

CARLOS
Ainda ontem...

MADAME VARGAS
Ainda ontem. Eu to expliquei claramente. Não há outra solução. Não é possível. O verdadeiro amor é aquele que se sujeita. Diante desse rapaz...

CARLOS
Não! Não! não me fales nele, ao recordar a nossa noite de ontem. Dou-te razão, aceito a frieza do teu bom senso, faço o que quiseres! Mas não me fales nele!

MADAME VARGAS
Mas se és tu que o lembras?

CARLOS
Oh! Hortênsia, odeio-o tanto!

Madame Vargas
Para quê? Por quê? Não desejo ouvir essas palavras. Nunca te falei dele, não te falo. És injusto. E não te falarei nunca mais.

Carlos
Mesmo que venha a ocupar na tua vida um grande lugar?

Madame Vargas
Na minha vida só ocupa lugar quem eu amo.

Carlos
E vê tu. Eu sinto que sou covarde, que sou um pobre-diabo. Quero reagir, quero ser homem, gritar. E diante de ti não sou mais nada. Hei de fazer o que tu quiseres!...

Madame Vargas
Chamas a isso fazer o que eu quero!

Carlos
Sempre, sempre, irresistivelmente. O amor faz outros os homens. O Carlos que tu conheces é um Carlos que ninguém, ouviste?, ninguém, nem minha mãe conhece.

Madame Vargas
É uma criancice...

CARLOS
O amor fez-me criança, assim tolo, assim nervoso. Quero-te tanto porque o meu desejo é muito maior que o teu. Mas consolo-me porque aos outros ainda queres menos. Não? Não? (*aproxima-se*) Dize. Pois não? Ainda agora. Quanta crueldade! Quanta frieza! Quanto bom senso! E enquanto tu falas, eu sinto apenas o desejo, um desejo imenso que aumenta. Estás tão bonita! Este teu vestido... Este teu cabelo... Hortênsia! Perdoa. Escuta. Se hoje fosse como ontem?

MADAME VARGAS
Oh!

CARLOS
Eu esqueço tudo, eu farei o que quiseres. Se fosse como ontem, uma noite encantada, a noite em que adormeceste todas as minhas dúvidas!

MADAME VARGAS
Não! Carlos. Preciso voltar ao salão. Não insistas.

CARLOS
Pareço-te muito miserável, não é?

MADAME VARGAS
Não. Sabia que havias de terminar por isso. Há uma semana fazes assim. Há uma semana exiges e me atormentas! Estou fatigadíssima.

CARLOS
Mas então está tudo acabado entre nós? Queres deixar-me? Serias tu a primeira mulher que me abandonasse. Não!

MADAME VARGAS
Digo-te apenas que hoje não. Estou cansada.

CARLOS
Mas dizes sempre não.

MADAME VARGAS
E ainda ontem cedi!

CARLOS
Quero hoje. Quero ainda hoje. Hortênsia, concede.

MADAME VARGAS
Como me atormentas, Carlos!

CARLOS
Dize de boa vontade: até logo.

MADAME VARGAS
Oh! Não!

CARLOS
Hortênsia, não sejas assim. Eu não posso. Vem cá. (*de repente na exaltação do desejo*) Se não me deres um beijo, faço um escândalo.

MADAME VARGAS
Estás doido?

CARLOS
Completamente. Faço o escândalo.

MADAME VARGAS
Deixa para outro dia! Hoje não.

CARLOS
Assim por assim, é teu desejo acabar, amar o outro. Vê-se. Não queres porque já amas outro. Mas eu grito, faço o escândalo, e verás depois.

MADAME VARGAS
Carlos, por piedade.

CARLOS
Dá-me o beijo, então. (*agarra-a*)

MADAME VARGAS
(*no alto da escada*)
Aqui? Aqui?

CARLOS
Um beijo que seja a promessa para logo mais. (*ouve-se o piano tocar e uma larga voz abaritonada que canta o madrigal de Nepomuceno*)

Porque é que dizes, meu gentil tesouro,
Que a vida inteira hás de descrer do amor?
Ó que pecado, que pecado de ouro
Falar do pólo à beira do Equador.
Dizes que tens o coração deserto
Dos homens todos sem piedade zombas
Toma sentido que o milhafre esperto
Quando tem fome atira o laço às pombas.

CARLOS
(*larga-a um instante, assustado. Mas logo retoma-a*)
Não é nada; o Jorge deixou o *bridge* para cantar o eterno "Madrigal" à Carlota. Ninguém nos vê. Não resistas. É mais uma noite, só uma noite mais. Eu quero. Depois esquecemos. Prometo! Depois esquecemos. Anda, dá.

MADAME VARGAS
Carlos!

CARLOS
Dá-me o beijo!

MADAME VARGAS
Mas é mau. É mau. Que horror! Não! Não!

CARLOS
(*puxando-a*)
Mas dá-mo duma vez!

Madame Vargas
(*presa, debate-se com horror e medo nos braços do amante*)
O que quiseres! O que quiseres! Eu não me pertenço mais. Sou tua. Continuo a ser tua!

Carlos
(*esmagando-lhe a boca num beijo*)
Sim, minha!

(*E o pano cai enquanto mais alto a voz abaritonada canta o desejo do "Madrigal".*)

ATO SEGUNDO

(*No dia seguinte, às 2 horas da tarde. É o salão de música. Pela janela aberta, vê-se a varanda e um trecho do esplêndido panorama que é o encanto do terraço. Um piano de cauda ao fundo, com uma colcha de seda vermelha. Jarrão da China entre a janela e a porta. Mobília de laca vermelha e palha doirada. À direita, no primeiro plano, um bibelô com espelho, junto à porta de comunicação com o interior. As paredes são forradas de tapeçaria d'Araccio em lilás e prata velha, motivo: as nove Musas.*

Estão em cena FIORELLI, *e* D. MARIA *que vem entrando.*)

FIORELLI

La signora?

D. MARIA

Doente.

Fiorelli
Como?

D. Maria
Uma leve indisposição. Desde ontem, veio-lhe a *migraine*.

Fiorelli
Com este lindo dia de primavera?

D. Maria
Infelizmente, não escolhemos o dia para adoecer. Mas sente-se, Fiorelli, descanse.

Fiorelli
E *la signora* não me mandou dizer nada?

D. Maria
Não. Creio mesmo que não se lembrou de você. Compreende, uma dor de cabeça. Mas sente-se, Fiorelli, ao menos enquanto espera condução.

Fiorelli
(*sem sentar-se hesitando*)
Com que então, sempre bem senhora D. Maria?

D. MARIA
Eu? Como Deus é servido. Cuidando da vida dos outros desde que a minha já vai no epílogo.

FIORELLI
(*distraído*)
Seriamente!

D. MARIA
Este Fiorelli! Sempre distraído! Sim, seriamente – séria e tristemente. Mas fale-me de si. Que fez ontem à noite!

FIORELLI
Estive no Lírico com a família Gomes Pedreira. Cantavam a *Bohemia*.

D. MARIA
Pobre Fiorelli!

FIORELLI
Bela música, um tanto renitente, mas bela música. (*ouve-se o timbre elétrico no interior*) Mas chamam. É decerto, *la signora*. *Senza encommodo*. (*subitamente mais tímido*) Quando será então? Eu preciso tanto!

D. MARIA
Mando-lho amanhã.

FIORELLI
Veramente?

D. Maria
Sem falta.

Fiorelli
Oh! Grazzie! Grazzie! (*sai*)

D. Maria
(*acompanha o músico até à porta e diz-lhe adeus. Volta*)
Pobre Fiorelli!

Madame Vargas
(*aparecendo do interior*)
Foi-se?

D. Maria
Com a resignação de sempre. Está convencido de que o mando pagar amanhã. Devemos ao Fiorelli cinco meses de tocadas e de lições.

Madame Vargas
Outros devem mais. Também tu! Lembrar-me tal coisa, na situação em que estou!

D. Maria
Situação que não é de hoje...

Madame Vargas
Ainda o dizes!

D. Maria
E que piora cada dia, aliás. Ontem o copeiro despediu-se antes de jantar. Foi preciso uma grande tática para convencê-lo de que devia servir à mesa. Dei-lhe até o laço na gravata com ar de quem o faz pelo menos comandante de uma brigada estratégica.

Madame Vargas
E ainda brincas!

D. Maria
Para que desanimar? Tenho fé em ti. A nossa situação é desesperadora. Tu mesmo não sabes quanto deves. Devemos a todos os fornecedores, aos criados e ainda por cima fazemos mais dívidas, com o mesmo louco trem de vida. É delicado. Mas seria possível parar agora, fazer leilão, ir morar para uma casa qualquer? Que prazer teriam os teus inimigos, isto é, a sociedade inteira! A bela Hortênsia Vargas, a viúva do diplomata, a orgulhosa Hortênsia que rejeita as melhores propostas, descendo do seu pedestal!

Madame Vargas
Nem todos pensam assim.

D. Maria
A maioria sabe que não temos mais dinheiro e quer ver o fim. É humano. Que fazer? Resistir. Es-

perar. Tenho virado um pouco financeira e devo dizer-te que, esgotados os dinheiros da hipoteca da casa, começo a liquidar as tuas jóias. Belfort dá-me conselhos e já aceitou duas letras minhas.

MADAME VARGAS
Tia!

D. MARIA
Ele é tão delicado que é impossível recusar. E há um ano vivemos nesta despesa de grão-duque sem rendimento! Mas tenho fé. Resolves agora tudo.

MADAME VARGAS
Resolvo?

D. MARIA
Então o José? O casamento é a única solução. Que esperavas tu? Um casamento rico. Vem-te rico, jovem e apaixonado.

MADAME VARGAS
Sim. É rico, é milionário, é moço, ama-me. Seria a minha felicidade. Ama-me...

D. MARIA
Mas é a tua felicidade.

MADAME VARGAS
Como, tia?

D. Maria
Como? Então não aceitaste?

Madame Vargas
Aceitei sim, aceitei. Não foi só pela questão de dinheiro. Desde que José tão humildemente me ofereceu a sua mão de esposo, uma imensa e submissa gratidão me foi enchendo a alma. Aceitei. Mas querer-me ele e desejar eu esse enlace já, é o menos!

D. Maria
Não pode deixar de ser já. A demora é o desastre.

Madame Vargas
A quem o dizes! Ele quer, eu quero. Mas há de outro lado as insinuações, as cartas anônimas, os despeitos, tudo quanto tem o rótulo da sociedade. (*levanta-se*) E há, meu Deus, e há, para suprema infelicidade, Carlos.

D. Maria
Não se convence?

Madame Vargas
Não se convence. Ao contrário. Ameaça fazer um escândalo, ameaça contar tudo.

D. Maria
Mas é infame.

MADAME VARGAS
Infame, fui eu. Infame que me entreguei, após tanto tempo de honestidade a um rapaz sem escrúpulos. É louco? Mais louca sou eu porque me deixei levar, arrastar por ele. Não me olhes assim. Eu estava só, só, sem ter ninguém que me amasse. Agora, não. Agora sinto que não é possível mais, que há uma grande, oh! enorme diferença entre os dois. E quero realizar a minha vida: quero e hei de realizar.

D. MARIA
Realizarás, estou certa. Mas que vais fazer?

MADAME VARGAS
Imagina o que é preciso fazer! Que esforço, que contenção de nervos. Há oito dias, Carlos desconfiou, sentiu que José seria mais do que um partido. O seu ciúme, as suas cenas! Aumentam, hora a hora! Tia, se Carlos tiver a certeza do pedido de casamento, estou perdida. E ele desconfia.

D. MARIA
Não.

MADAME VARGAS
Mais do que isso. Tem quase a certeza. Está louco. Disse-mo ontem no chá.

D. MARIA
E cometeste a imprudência de recebê-lo à noite.

MADAME VARGAS
Viste?

D. MARIA
Não vi, mas tinha a certeza. Não fosse eu mulher! A mulher só tem um recurso contra o crime: entregar-se. Esquece que ainda mais complica a vida.

MADAME VARGAS
Sim, sim. Foi pior. Não imaginas que noite, que pavorosa noite de sofrimento. A insistência sua, a terrível insistência, o nome do outro nos seus lábios que me beijavam com brutalidade! Tinha ímpetos de escorraçá-lo e estreitava-o mais. É preciso ocultar, ocultar. No dia que souber, conta tudo ao José. Não dormi. Só há um recurso: fugir, casar fora daqui, ver-me livre dele. Depois José defender-me-á!

D. MARIA
Minha pobre Hortênsia!

MADAME VARGAS
E tenho de fingir, continuar a fingir, sem ninguém que me ajude. Tia, já não se trata de dinheiro, trata-se da minha honra para um homem que me respeita a ponto de me oferecer a sua mão.

D. Maria
Por que não falas a Belfort?

Madame Vargas
Ele vem hoje. Prometeu-me ontem. Só ele que sabe de tudo e é bom poderá ajudar-me. (*aparece o criado*)

Antônio
O Dr. José Ferreira.

Madame Vargas
Mande entrar. (*o criado sai*) Deixe-nos sós, tia. Vê que não nos interrompam. A todo instante penso no outro. Como eu teria vontade de dizer a este toda a verdade, e como é impossível!

Madame Vargas
(*vai ao espelho, compõe a fisionomia e volta-se a sorrir quando entra* José Ferreira *com um ramo de rosas, fica perto do* puff)
Seja bem-vindo com as suas lindas flores!

José
Como todos os dias as flores são suas.

Madame Vargas
(*vai pôr as flores no vaso sobre o piano*)
Merci. Mas sabe que é escandaloso? Quem o vir chegar todo dia com um ramo de rosas o que não dirá?

JOSÉ
Que importa, se é para bom fim!

MADAME VARGAS
E a nossa combinação?

JOSÉ
O segredo? É o de Polichinelo. Sabe que falei ontem à mamã?

MADAME VARGAS
Ah!

JOSÉ
Era apenas uma formalidade, mas não podia deixar de a cumprir.

MADAME VARGAS
Fez bem. Que disse ela?

JOSÉ
Ficou contente, muito contente. Tudo que parece ser a minha felicidade é de resto sempre a vontade da mamã. Sou filho único e ela é só. Imagine que pensa em netos! Mas conhecia-a de vista e acha-a linda. Sabe que causa uma impressão de rainha?

Madame Vargas
Lisonjeiro!

José
A mamãe é uma senhora muito altiva, de costumes rígidos, bem a senhora antiga, esposa de fazendeiro, achando que ninguém pode ser superior aos seus. Sabe entretanto a sua frase? Disse-me a sorrir: "Aquela senhora tão bonita gostou de ti, José?"

Madame Vargas
Oh! José!

José
Repito o que disse a mãe. E olhe que para falar francamente, de vez em quando ponho-me a pensar e indago a mim mesmo: como seria isso?

Madame Vargas
Senhor Dr. José Ferreira, se viesse sentar-se em vez de dizer tolices?

José
É a verdade. Quando há dois meses a vi no teatro tive uma tão esmagadora impressão. O coração se fez pequeno, pequeno. Já me disseram que só se fica assim diante das pessoas que nos vão dar um grande bem ou um mal irremediável. Lembra-se? Ao entrar no seu camarote pelo bra-

ço do Guedes, não sabia o que dizer. O coração adivinhava e fazia-se pequeno com medo.

MADAME VARGAS
(*rindo*)
Felizmente, o medo durou pouco.

JOSÉ
Porque logo se fez amor. Mas nem calcula como esse seu ar tão superior, esse seu ar de imperatriz faz os outros se julgarem menores. Eu tremo sempre de a perder...

MADAME VARGAS
Ilusão! A imperatriz já o vira na platéia e indagava: quem será aquele rapaz diverso dos outros que me olha na quinta fila?

JOSÉ
Hortênsia!

MADAME VARGAS
É bom gostar um pouco dos outros!

JOSÉ
Amo-a tanto, Hortênsia, que bem o sinto, o meu amor há de fazê-la feliz.

MADAME VARGAS
José! Conhece-me. Devem lhe ter dito tanto mal de mim! A fria Hortênsia, a que despreza to-

dos os pretendentes! Sim! É um pouco verdade.
Nunca amei. Entretanto, não sei por quê, nesta
minha vida, neste inferno de festas, de alegrias
que são amargores e amargores que não são alegrias, só uma pessoa dá-me uma impressão de
sossego de paz d'alma, de apoio, de satisfação
completa – você. Quando você está, sinto-me
tão calma, tão descansada, tão bem. É fé – a fé
de que encontrei enfim o meu amigo, o meu
protetor, o meu verdadeiro esposo. E o meu coração sente-se então muito largo, muito largo, e
eu tenho uma grande vontade de chorar.

José
É bom falar-me assim, Hortênsia. Se eu quisesse dizer-lhe o que é o meu amor, dir-lhe-ia
que desejava fazê-lo forte e macio como de aço
coberto de veludo, para a defender sem a magoar. Porque é superior às outras, porque tem a
alma tão alta e a beleza tão altiva, é que precisa
de quem lhe abra o caminho, de quem limpe a
estrada da pedra e da erva daninha, de quem
sob os seus passos estenda o arminho e as rosas. Eu amo-a assim, Hortênsia. Muito, muito.
Se não me desse atenção, se não me quisesse
ver, teria desaparecido sem a criminar. Levaria
comigo apenas a mágoa da minha inferioridade,
e não teria uma queixa e não diria nada. Sabendo que me aceita, que me agasalha, sinto que a
vida se completa e que a sorte trazendo-me a
felicidade e fazendo-me bom completou a série

dos seus bens, dando-me para conduzir a estrela que de longe eu seguia...

Madame Vargas

José! José! Eu nunca tive quem me falasse assim. Eu nunca tive. Se tudo entre nós tivesse de acabar, poderia levar a certeza de uma recordação indelével, a certeza da revelação. É tão delicado e tão bom. Dá-me flores e o seu amor. Quantos me ofereceram isso antes, eu recusei. Ofereciam? Sei lá! Queriam. É você o único que oferta, e tão bem que o perfume da sua alma entontece, e que uma grande vontade de ser boa faz da pobre Hortênsia alguém que só no mundo o quer. Mas é sonho. Tudo quanto é muito bom não pode ser verdade.

José

Por quê?

Madame Vargas

Tenho medo daqui, tenho medo de tudo. Enquanto não o conhecia, José, enquanto a minha vida era lutar e resistir nesta sociedade de invejas, de intrigantes e de egoístas, era forte e queria. Tinha de ser. Diante de mim o horizonte se definia sempre igual e pardacento. Agora não. Agora tenho medo, tenho medo de tudo. A cada passo penso que vão destruir a minha felicidade.

JOSÉ
Mas quem?

MADAME VARGAS
Esta vida! Esta gente!

JOSÉ
Mas se eu estou a seu lado?

MADAME VARGAS
O meu desejo era um só – partir. Partir consigo.

JOSÉ
Já agora está assentado o nosso casamento.

MADAME VARGAS
Seria tão bom que não fosse aqui! Escute, José. É um estado de nervos, um receio vago inexplicável. Eu não queria que fosse aqui. Partir. Partir. Levar para longe dos curiosos a nossa felicidade e de lá então anunciar.

JOSÉ
Sempre a mesma idéia.

MADAME VARGAS
Guardar o segredo, o segredo imenso do meu primeiro amor.

JOSÉ
Não quer que ninguém o saiba?

MADAME VARGAS
O meu desejo era que o mundo o ignorasse, que fosse depois como uma surpresa irrevogável.

JOSÉ
Eu, ao contrário, desejaria que todos soubessem.

MADAME VARGAS
Vaidoso!

JOSÉ
Orgulhoso! Ando tão alegre, tão cheio de felicidade que só tenho o desejo de irradiar pelos que encontro o meu prazer. O segredo sufoca-me.

MADAME VARGAS
Guarda-o por mim, José, guarda-o. Há tanta gente que não suportaria nossa alegria! Procurariam envenenar os nossos instantes de prazer, falando, inventando, caluniando. Seria o tormento nas reuniões, a curiosidade indiscreta nos teatros – coisa pior, quem sabe...

JOSÉ
Que importa a opinião dos outros?

MADAME VARGAS
Essa gente vive conosco na mais cordial simpatia mas, ao perceber a felicidade, é uma raiva que lhes dá de despeito e inveja.

JOSÉ
Dizendo-o a todos, ninguém se atreverá. O mistério dá-me a impressão de que vamos cometer um crime.

MADAME VARGAS
E há maior crime para os outros de que organizarmos a própria felicidade? Não, José. Como seria bom partir!

JOSÉ
Mas parto. Sempre acedi aos seus desejos.

MADAME VARGAS
(*de súbito rindo*)
Tu partes num dia, eu parto no outro. Chegamos no mesmo dia. E depois de lá chegar, eu rirei, eu rirei...

JOSÉ
Como está nervosa, Hortênsia. Nunca a vi tão nervosa como hoje.

MADAME VARGAS
É que não posso mais, José. Não posso mais aturar esta gente, esta sociedade. Tudo antes de

você. Nada agora. Nem mais um dia porque um dia é um século. Eu iria, partiria se não fosse primeiro.

José

Mas não é preciso tamanha exaltação. Já tanto me falou no mistério e nessa partida, que estou de há muito resolvido.

Madame Vargas

Palavra?

José

Palavra. Desde que lhe declarei o meu amor, imagina inimigos por todos os cantos. Não é tanto assim! Levei um mês a ouvir o que falavam de si. E o que diziam? Que era insensível, que era má, que seria incapaz de amar? Vi bem a verdade de tudo isso! De mim o que poderão dizer? nada ou tudo. Que importa se não acredita? Mas é vontade sua. Para que contrariar? Acabemos. Amo-a. Quer partir? Que seja já. Mais depressa casaremos.

Madame Vargas

José, José!

José

Mas que nervos! Que nervos, Hortênsia!

MADAME VARGAS
Hoje é terça. Partiria amanhã?

JOSÉ
Como?

MADAME VARGAS
Sim, embarcando amanhã, eu seguiria depois de amanhã noutro paquete, só com a criada. A tia ficaria. Ninguém saberá senão depois de estarmos longe. E tudo se esclarecerá quando dois dias depois os telegramas disserem o nosso casamento.

JOSÉ
Mas é uma fugida.

MADAME VARGAS
É.

JOSÉ
Dirão que fugimos juntos.

MADAME VARGAS
Que importa?

JOSÉ
Mas, Hortênsia, é um estado de nervos...

MADAME VARGAS
Não, é medo. Medo de ver desfeita a única ilusão da minha vida. Sou só no mundo. Só

agora comecei a amar a um ente, quando o sofrimento já me fizera medrosa. Esta sociedade dilacera-me. Enquanto não o conheci – não pensava. Agora cada vez penso mais, cada vez desejo mais. Terá que anunciar uma felicidade a realizar-se. Realizemo-la antes para fazê-la depois conhecida. Para que demorar?

José
Não me incomoda a opinião alheia. Mas neste caso a maledicência será contra si, Hortênsia.

Madame Vargas
Que importa, se sabe você bem o que é? O meu desejo é impedir o travo da felicidade. Se eu não o amasse, José, juro que não lhe pediria isso!

José
Como é possível negar-lhe alguma cousa? Mas são duas horas. E eu tenho de levar a mãe à cidade. É obrigação. Logo à noite estarei cá.

Madame Vargas
Ainda há tempo de partir amanhã?

José
É uma viagem de núpcias inteiramente nova!

Madame Vargas
Cada um no seu vapor e antes do casamento! Como vou rir! Como vou rir!

José
Mas é preciso não ficar assim nervosa... porque então não vou nem mesmo à cidade.

Madame Vargas
Sim, por mim, por mim. (*pendendo no seu ombro*) Nunca imaginará, José, como lhe quero bem!

José
Seria dar-me força para querê-la mais – se fosse possível. Minha querida, sempre tão nervosa!... Até logo.

Madame Vargas
Volta para dar-me a resposta?

José
Volto à noite. Tranqüilize-se. Já lho disse. E juro que parto.

Madame Vargas
Meu querido! (*acompanha-o até a porta. Fica a dizer-lhe adeus porque José passa pela varanda. Depois tem um grande suspiro, distende os braços. Infinita tristeza na face. Instante.*

Silêncio. Cai numa cadeira junto à janela, meditando. Entra BELFORT)

BELFORT
Muito bom dia, Hortênsia.

MADAME VARGAS
Oh! barão.

BELFORT
Como vamos de ontem?

MADAME VARGAS
Como fiquei ontem.

BELFORT
Alguma coisa grave?

MADAME VARGAS
Infinitamente grave. Encontrou José?

BELFORT
Vim de *laudaulet*. Não o vi. Trata-se dele?

MADAME VARGAS
Trata-se do drama da minha vida, desta minha desgraçada vida. Não tenho ninguém para desabafar, para me aconselhar num grave momento, a não ser a tia que é boa e não tem inteligência e o senhor que é inteligente...

BELFORT
Mas não sou bom.

MADAME VARGAS
É o melhor dos homens.

BELFORT
Não diga isso. Sabe bem que só pode ser bom para uns o que é mau para outros. (*desce a ela*) Mas como está nervosa. Pobre Hortênsia! Que coração o seu! Sabe a que a comparo? A uma flor cujo viço depende de muito cuidado e que jaz para aí sem esse cuidado à mercê da intempérie. Diga-me. Vai casar sempre?

MADAME VARGAS
Barão. Sabe toda a minha vida. Nunca lhe ocultei nada porque seria inútil. Sabe mesmo antes que lhe digam. Sim. Quero realizar esse casamento. Que pensa dele?

BELFORT
É uma solução, a única mesmo.

MADAME VARGAS
Não lhe pergunto a opinião que faz de José. Vejo que o acha melhor do que os outros.

BELFORT
É raro. Bom, nobre, sério, escandalosamente sério. Só não me atrevo a rir da sua inverossí-

mil seriedade para que os outros seriamente não se convençam de que não há perigo em continuarem patifes.

MADAME VARGAS
E pensa como eu desta gente!

BELFORT
Engana-se. Não penso, classifico. No dia em que cada homem sério quiser organizar-se um pouco à maneira de um gabinete de identificação, a sociedade melhorará quase tanto como o desejam os socialistas. Será apenas o uso intensivo da precaução – da ciência da precaução. Mas em tudo isso, minha querida Hortênsia, o essencial é não sofrer. Todos nós desejamos não sofrer. E parece que sofre pelo menos uma grande preocupação. Não é o José? Esse ama-a leal e sinceramente...

MADAME VARGAS
É a minha vida.

BELFORT
Só?

MADAME VARGAS
Estou incapaz de continuar, estou sim, cansada de sofrer. Todos os recursos de que poderia lançar mão, esgotam-se. Não posso mais.

Conhece-me há muito, barão. Não me queixo nunca. Mas já não posso.

Belfort
Não se trata mais de lutar. Trata-se de um sentimento.

Madame Vargas
Sim, talvez.

Belfort
A sua vida tem sido à espera da felicidade.

Madame Vargas
Com que desejo a espero!

Belfort
Desta vez está a tê-la nas mãos...

Madame Vargas
Barão, sou muito infeliz! Nunca fiz mal a ninguém por vontade. E entretanto parece que tudo se revolta contra mim. Sabe o que se passa?

Belfort
O que não podia deixar de ser, minha boa Hortênsia. Acabou por amar deveras um homem digno que a pediu...

Madame Vargas
E de repente, quando tenho a felicidade, quando a sinto ao alcance da mão, após uma vida de esforço, de sacrifício, de tormento oculto, o único momento de loucura, o único instante de esquecimento desta vida exemplar, ergue-se como o desastre.

Belfort
Como?

Madame Vargas
Lembra-me a sua frase, há dois meses na legação do Japão: "Há pequenas tolices que são grandes desastres". O senhor olhava Carlos com uma frieza terrível. Compreendi que sabia, que tinha sabido.

Belfort
A velhice torna infalível a observação.

Madame Vargas
Eu entretanto já antes o compreendera também. Abandonara-me a um desvario de momento, a um desejo mais forte, e estava à mercê de uma criatura egoísta, seca, brutal, um rapaz que tem a prática da maldade de um velho. Precisava dum consolo. Tive um aro de ferro que me cerra, que me cinge, que me aperta. Antes de poder escapar-lhe, veio José. É tão diferente!

BELFORT
É não pensar senão no José...

MADAME VARGAS
Ah! não posso. Infelizmente não posso. Viu ontem Carlos no chá?

BELFORT
Fazia a cena do ciúme insolente.

MADAME VARGAS
Desconfiou que há da minha parte mais do que simples interesse por José. Desconfiou e eu neguei. Neguei por medo, neguei por covardia. Quanto mais eu nego, porém, mais o seu ciúme quer, mais ameaça, mais exige. Vivo num tormento. Não posso mais. Se confesso, sinto-o bastante capaz de, por vingança, ir dizer ao outro a minha falta. Se nego, tenho de fingir, de fingir amor por um ente, que não amo, que não amei nunca, que apenas me entonteceu. Como é fátuo, como é mau, como é cruel esse rapaz, meu amigo. Não! É preciso acabar com isso já. Mesmo que não case com o José, não poderei mais suportá-lo!

BELFORT
Tenha calma.

Madame Vargas
Só a um homem como o senhor falo como a mim mesmo. Sou bem uma infeliz. Sabe o meu orgulho de menina, a minha vaidade. Recalquei o amor, recalquei o desejo, com a ambição de triunfar. Era a bela, a intangível. Casaria com um grande nome. Há dez anos – em torno de mim amontoaram-se os desastres. Fugi do amor, e quando esse amor estava para chegar, ainda o desastre, o maior, o insuperável me fez ruir todas as esperanças. Não quero! não quero não! É demais. Porque preciso vencer, porque quero ser digna – porque amo.

Belfort
Mas não se exalte.

Madame Vargas
Chegou ao auge, meu amigo. É a tortura, estou nas mãos de Carlos, sabe? inteiramente nas suas mãos. Ele conta tudo, se souber que eu caso. É o escândalo. Pior. É o meu fim.

Belfort
Não fará isso.

Madame Vargas
Jurou-mo. E faz. Sei que faz. É para muito mais. Conhece-o?

BELFORT
Vi-o menino.

MADAME VARGAS
Tem-me por *chic*, tem-me por prazer mau, tem-me como se tem uma presa. Dei-lhe o que uma mulher tem de mais caro: a reputação. Como? Não sei! Era a sua impertinência, era a sua ciência de tentação. Eu estava tão só, havia tanto tempo… Se pudesse ser perdoada, teria apenas para o perdão essa terrível expiação de todos os momentos, sentindo-o a fingir amor, a gozar, a mandar, a dispor da minha honra, da minha vida, por vaidade, por egoísmo, por maldade.

BELFORT
Mas não fará nada disso.

MADAME VARGAS
Não o conhece.

BELFORT
Mais do que supõe. Quer ter confiança em mim?

MADAME VARGAS
É a única pessoa que ma merece!

BELFORT
Que pretende fazer?

MADAME VARGAS
Fingi até agora, fingi com pavor, com a idéia única de salvar-me. Tudo menos que o José venha a saber. E consegui, consegui tudo. O José embarca amanhã. Eu sigo-o. Se ele não cometer a sua ameaça até amanhã, estou salva!

BELFORT
É apenas uma criancice. E o José embarca?

MADAME VARGAS
Pedi-lhe tanto!

BELFORT
Mas, minha querida Hortênsia, fugir é levar o tiro pelas costas.

MADAME VARGAS
Que fazer? Eu não sei! Já não penso.

BELFORT
É simples. Dizer-lhe tudo.

MADAME VARGAS
Nunca!

BELFORT
Carlos é de uma família honrada: refletirá.

MADAME VARGAS
Não! Não! Quero partir!

BELFORT
Partir é secundário. É preciso apenas partir com a certeza de que esse rapaz não lhe fará uma infâmia ao saber do caso.

MADAME VARGAS
Fá-la-á, barão, fá-la-á!

D. MARIA
(*à porta*)
Hortênsia! (*os dois voltam-se, D. Maria faz um sinal significativo*)

MADAME VARGAS
Ei-lo aí. Vê? Volta! Está continuadamente aqui. Volta a ameaçar-me!

BELFORT
(*resolução súbita*)
Recebo-o eu.

MADAME VARGAS
Barão, por quem é!

BELFORT
Deixe-nos sós, Hortênsia. É muito grave o que se passa. Sou eu quem lho diz. Juro que lhe darei a felicidade. Deixe-me conversar um pouco com ele. Bastará isso. Depois venha falar-lhe.

MADAME VARGAS
Não me perca! Não me perca!

BELFORT
Nunca dou um passo sem a certeza do que vou fazer. Vá. (*leva-a com autoridade até a porta, fecha-a. Senta-se, numa poltrona*) Há quanto tempo não via um pequeno drama em pleno desenlace. Vai ser realmente delicioso! (*recosta-se com indiferença*)

CARLOS
(*entrando surpreendido*)
Oh! o senhor.

BELFORT
Bom dia, jovem Carlos.

CARLOS
Pensava tudo menos encontrá-lo agora.

BELFORT
Goza você da mesma surpresa que eu. Também não contava.

CARLOS
Madame Vargas?

BELFORT
Acaba de sair daqui.

Carlos
D. Maria?

Belfort
Ainda não a vi. Anda decerto nos arranjos da casa. Pobre D. Maria!

Carlos
É uma boa senhora.

Belfort
Quem sabe? Não há ninguém bom nem mau completamente. As pessoas são como as ações. Tomam o aspecto do momento. Há ações que encaradas sob o prisma da rigorosa moral parecem pouco apreciáveis, e que, entretanto, se pensarmos bem, sem moral, chegam a ser desculpáveis.

Carlos
Sempre moralista!

Belfort
E dos melhores, porque compreendo a imoralidade geral sem querer regenerá-la. Mas como nós divagamos!

Carlos
Talvez do calor!

BELFORT
É que ambos temos uma preocupação forte.

CARLOS
O barão tem alguma?

BELFORT
A de querer conversar com você.

CARLOS
É o que fazemos.

BELFORT
Conversar a sério. Em geral conversamos muito para não dizer nada. Escondemos o terrível diálogo do silêncio. Desde que chegou, você pergunta: que me queres tu? E eu respondo: já te direi!

CARLOS
É imaginoso.

BELFORT
É como vê, muito triste. Não negue. O nervosismo impaciente da sua atitude parece traí-lo. Que quer fazer?

CARLOS
Mas... Nada.

BELFORT

Ainda bem. Há pouco, depois do almoço vim ver Hortênsia e soube de coisas muito interessantes.

CARLOS

Ah!

BELFORT

Sente-se aqui. Tenho por Hortênsia uma grande amizade, a amizade que se tem pelos que não conseguem realizar a felicidade, tendo todas as condições para obtê-la. Hortênsia – não sei se sabe? –, continuando depois da morte do marido, a mesma vida de fausto, está sem recursos. Ou antes tem pouco para manter uma vida que é razão de ser da sua existência. A aparência! Como a aparência leva à ruína neste país! Hortênsia soçobra porém, sem salvamento. Falta-lhe um auxílio forte, falta-lhe um homem.

CARLOS

Ah!

BELFORT

Claro que com a sua altivez e a sua intangível honestidade ela não aceitaria nem aceitará nunca auxílios de dinheiro estranho. Qual a solução que você apontaria a nossa pobre amiga, que não sabe ser senão bela e gastadora – para a salvar do cataclismo?

CARLOS
Francamente...

BELFORT
Ela está bem num dilema, não acha?

CARLOS
Compreende, esta confidência imprevista...

BELFORT
Da minha parte, não há dúvida, deve espantá-lo. Mas nós conversamos muito. E há de fato uma solução providencial, a solução que noventa e nove vezes sobre cem acode às pessoas acostumadas ao luxo, quando o luxo vê que as vai perder. Hortênsia, no seu desastre financeiro, conserva a maior dignidade e a maior pureza. Dela, até agora, nem suspeita. Quer um charuto?

CARLOS
Obrigado, não fumo.

BELFORT
Inibe-se com isso de dois prazeres: o de devanear e o de perder a memória, o que em certos casos é excelente. Mas onde estava eu?

CARLOS
No dilema.

BELFORT
Não. Um pouco mais adiante. Na Providência. Creio que o não fatigo.

CARLOS
Ao contrário.

BELFORT
E a Providência, como sempre providencial, arranjou a solução...

CARLOS
(*explodindo*)
Barão, por que me tortura, há tanto tempo?

BELFORT
Mas não. Procuro as palavras. Quero apenas fazê-lo refletir.

CARLOS
Ela vai casar, ela aceitou o casamento?

BELFORT
Ela aceitará.

CARLOS
Com ele?

Belfort
Que importa que seja com ele ou com outro. É a salvação.

Carlos
E mandou chamá-lo para lhe dizer isso?

Belfort
Como amigo que a respeita e que deseja a sua felicidade.

Carlos
Só isso, barão, só esse ato dela, mostra que eu tenho um pouco de razão. Não teve coragem de mo dizer face a face.

Belfort
Estima por você talvez.

Carlos
Estima! A ironia dessa palavra! Estima. Dou-me a ela, hipoteco-me a sua vontade, vivo por ela, pensando nela, sonhando nela, num sentimento imenso de dedicação, de amor, escondendo-me, humilhando-me. E quando após três meses, ainda é maior o meu sacrifício, casa com outro e manda-me dizer que eu reflita. Há de convir que é cômico.

Belfort
(*impassível*)
A vida é uma dor contínua que se finge não sentir – com medo de não mais a sentir. Que se há de fazer?

Carlos
Mas para que fingir?

Belfort
Você engana-se. Não fingiu até agora nem finge. Outra fosse a situação e estou certo de que não a veria sofrendo. Foi você a sua única loucura.

Carlos
Uma loucura que passa à passagem da primeira conta corrente.

Belfort
(*leve impaciência*)
Carlos, você esquece que eu respeito Madame Vargas.

Carlos
Mas é o senhor mesmo quem me dá as suas razões.

Belfort
E esquece que eu o conheço muito bem.

CARLOS

Trata-se de um caso diverso, trata-se de outra coisa.

BELFORT

E esquece também que não a pode prejudicar, que não tem o direito de o fazer.

CARLOS

Que me importa?

BELFORT

E esquece até mesmo a sua situação, que me abstenho de definir.

CARLOS

Diga. Continue. A minha situação miserável, a situação que no primeiro momento envaidece mas que só se compreende depois. Diga. Ela é a grande dama, que esqueceu alguns meses o seu dever. Eu sou o rapaz sem conseqüências. Bem vestido, filho de boa família, mas sem profissão e sem dinheiro. Quando vem o interesse, *allons oust!* seja cavalheiro e passe muito bem. Simplesmente o inferior! Ah! meu caro barão, você não compreenderá nunca a fúria de amar, quando a gente se sente inferior. É uma miséria, é um nojo, é um desespero. A maioria dos desclassificados vem do amor em que eram inferiores. Eu sou inferior. Eu não tenho dinheiro. Se ela fosse rica eu seria apenas o preferido, o manteúdo! Oh! sim. Havia de bater-lhe para mostrar que antes de ser dela, ela é minha. Há mais porém. Sou o preferido secreto que ela arreda para casar com outro. E então tudo quanto ainda tenho de nobre, que é um desesperado orgulho, me sobe a cabeça. Tenho ciúmes, ciúmes idiotas, sem razão de ser. É uma luta. Vou quase a ceder e de repente vem-me palpável a lembrança dela e dele, que é estúpido, que é rico. Estúpido, rico e forte... Penso que ele sabe, que ele me despreza. Penso que ela acabará desprezando-me também satisfeita em tudo com um espírito que se deixe dominar, com o dinheiro para gastar e além disso, com um homem forte e moço! Meu Deus! Eu já sabia que ela ia casar. Ao ver esse pobre-diabo que só a leva pelo dinheiro e pela posição, adivinhei. Então agarrei-me aos últimos instantes de dúvida, desejei-a como quem rouba, violei-lhe a fraqueza como um salteador, entonteci-a de medo, de susto, de pavor...

BELFORT
(*frio*)
E vai tranqüilamente deixá-la em paz!

CARLOS
Como?

BELFORT

Para que esse desespero? Você é moço. A juventude pensa que tudo acaba, quando tudo continua. Para que tanto drama? Raramente as mulheres valem uma loucura. Talvez por isso não há mulher que não tenha enlouquecido um homem. Ou dois. Ou mesmo três. Mas não importa. As mulheres são pequenos vasos de cristal transparente. Não têm cor. Nós é que lhes pomos a tinta da nossa ilusão. Vemo-las azuis, rosas, ou negras. Retirada a tinta, meu rapaz, os vasos continuam sem cor. Você é um temperamento que eu conheço bem. Ela porém é um pouco diversa de você. Acabou. Acabou tudo. Retire a tinta. Outros amores virão. E o que fizer sofrer a outras mulheres compensá-lo-á do que não pode mais fazer a Hortênsia.

CARLOS

O senhor não acredita na minha dor, barão?

BELFORT

Meu caro Carlos decididamente exagera.

CARLOS

Exagero?

BELFORT

Não quererá fazer-me crer numa paixão fatal por Hortênsia. Conheço-o muito bem. Uma paixão fatal é profundamente aborrecido. Trata-se de uma conquista mundana, aquilo por que vocês todos almejam: a mulher bonita de sociedade, que se assalta uma noite de baile, que se envolve em luxúrias aprendidas nas pensões, e que se conserva mesmo às escondidas como um brasão, porque posa bem. Oh! não! Interromper-me para quê? É exatamente isso. Depois a paixão ocupa. Entra uma Renée e uma Gloriá qualquer e sempre elegante, o luxo gratuito de uma senhora a quem se domina pela revelação libidinosa, pelo próprio terror do escândalo...

CARLOS
Barão! Não me confunda com essa gente. O seu ceticismo aniquila a vontade que tenho de convencê-lo! Não! Eu não quero impedir a felicidade dela, eu sei que sou transitório, que não devo ser levado em conta. Ela pode casar. Mas não com aquele, não com ele. Esse não! não!

BELFORT
Por quê?

CARLOS
Não sei! Já não sei o que digo! Mas não. É instintivo, é uma revolta furiosa.

BELFORT
Uma pequena revolta. Compreende-se. Outro qualquer não reuniria as qualidades que tan-

to o incomodam no José. É por conseqüência uma questão de despeito, de vaidade. Tanto mais dolorosa quando é na sombra sem que ninguém saiba. Mas por isso mesmo nobre, mais nobre. Hortênsia falou-me do receio que o seu ciúme lhe causa. Teme desgraças, horrores. Logo a tranqüilizei lembrando: Carlos é um cavalheiro. A nossa palestra tem esse fim. Você vai deixar de ameaças que não são um prodígio de galanteria.

CARLOS
Eu não ameaço só, eu faço.

BELFORT
Você vai deixar de pensar em fazer.

CARLOS
Veremos.

BELFORT
Desejo convencê-lo apenas.

CARLOS
Que me importa a mim ela? O respeito é recíproco. Tramou um casamento e põe-me na rua sem satisfação. Vingo-me. Estou no meu direito. Não é capaz de dizer-me que o procedimento dela é moral?

Belfort

Não discuto o acaso, que tem contingências. Nada é moral. Mas acho que tudo é digno quando se procura conservar com sacrifício de um, de cem, ou de um milhão de homens a honra de uma senhora.

Carlos

É uma opinião de efeito para as mulheres.

Belfort

A melhor, Carlos, que eu peço aceitar.

Carlos

Manda-me embora. É a primeira mulher que me despede! Vingo-me.

Belfort

Mas sou eu quem lho peço.

Carlos

Em nome de quem?

Belfort

Em seu nome, em nome de seu caráter, primeiro; em meu nome depois. Sou um velho amigo da sua família, de seu pai.

Carlos

Oh! meu pai!

BELFORT
Por ser amigo de seu pai, encontrou-me você sempre...

CARLOS
Oh! barão. Creio que não vai trazer para a coleção uns pedidos de rapaz para peitar a minha consciência.

BELFORT
(*impaciente*)
Se tem essa consciência, deveria ter começado por não ameaçar uma mulher sem defesa. Mas se a retoma agora, deve respeitar-me.

CARLOS
Entre o respeito que possa ter pelo senhor e esta questão em que o senhor nada tem, há um abismo.

BELFORT
Carlos, seria melhor não azedar esta palestra. Peço-lhe em meu nome ainda uma vez, em nome de um velho cético que já lhe pagou algumas contas.

CARLOS
O senhor alega-me coisas que decerto não fez com o fim de se fazer meu tutor em questões de mulheres?

BELFORT
É um caminho errado esse. Estás a mostrar a alma demais. E se eu quisesse alegar?

CARLOS
O quê?

BELFORT
Eu poderia lembrar há cinco anos a sua entrada na minha casa.

CARLOS
(*senta-se bruscamente*)
Barão! Barão!

BELFORT
Eu poderia recordar a sua fisionomia demudada, o seu gesto nervoso, os seus soluços.

CARLOS
Barão, é pouco generoso o que faz. Não é de um homem como o senhor!

BELFORT
Eu poderia dizer-lhe as minhas reflexões diante dessa pequena falta, em que se mostrou com lucro tão mau imitador...

CARLOS
Mas não é digno! não é digno!

BELFORT

Eu poderia lembrar que tendo todas as provas de um desvairamento da sua juventude, fui tão pouco generoso que guardei esse documento num canto e nunca mais dele me lembrei.

CARLOS

(*prostrado*)

Barão! É o senhor o único homem que me pode falar assim. Não! Não continue. Eu não sei o que faço. Eu não sou mau, não, não sou! É a fatalidade. A fatalidade que me fez um gozador sem fortuna, um leviano, um pobre rapaz leviano. Tudo é contra mim. Até agora. Até agora. É o desespero que me leva a ameaçar Hortênsia. Eu aceitaria tudo menos o outro. E até aí a minha desgraça o faz ganhando a partida. Por que lembrar o que foi mau, por que lembrar o que passou há tanto tempo?

BELFORT

A nossa palestra termina.

CARLOS

Eu sou-lhe muito grato, muito, muito. Aquilo o senhor fez, não por mim mas pela minha família. Para que recordar se continua amigo de meu pai? Esse desvario passou. Nunca mais. Nunca mais. Não precisava vir com o espectro do passado ameaçar.

Belfort
Não ameaço. Valorizo o meu pedido.

Carlos
Foi mau, foi tão mau! Disso só o senhor e eu sabemos. Nada mais resta... Não precisava lembrar tanta coisa. Eu sou seu. Não precisava fazer valer em defesa de uma criatura que eu amo, esse processo tão esquisito, tão... policial...

Belfort
Diga a palavra. Essa chantagem. Graças aos deuses a chantagem não é só para as coisas ruins. Mas a nossa palestra findou. Levou-me a excessos de que me arrependo. Pedia-lhe que refletisse. Ainda o peço. E tenho tanta confiança na sua prudência que o deixo só.

Carlos
Faz muito pouco do homem a que trata tão mal!

Belfort
Não. Espero tudo do seu cavalheirismo. (*consultando o relógio*) Oh! Esperam-me no *club* para uma partida séria. Carlos, vai ter com Hortênsia uma última palestra. Seja um homem digno. E não volte mais aqui. Se precisar (*põe o chapéu, à porta, elegantíssimo*) uma estação d'águas, vá falar-me. Não volte. (*sai*)

CARLOS
(*anda nervosamente, morde os pulsos,
está furioso*)

MADAME VARGAS
(*abre a porta da direita de repente*)
Belfort?

CARLOS
(*estacando*)
Foi-se.

MADAME VARGAS
Ah!

CARLOS
Contou-me tudo.

MADAME VARGAS
Tudo?

CARLOS
O teu casamento, o José Ferreira, a situação.

MADAME VARGAS
Não são coisas definitivas.

CARLOS
Mas vão ser. É inútil mais rodeios. Falou-me como tu, friamente.

MADAME VARGAS
Ai de mim!

CARLOS
Falou-me como um negociante. Convenceu-me.

MADAME VARGAS
De quê?

CARLOS
De que somos todos do mesmo pano, assaz infames: ele, tu, o noivo, eu. Cedemos um pouco cada um de nós e as coisas irão da melhor maneira, no melhor dos mundos possíveis.

MADAME VARGAS
Se pensas assim...

CARLOS
Pensamos. Pensamos todos assim numa peça bem imoral...

MADAME VARGAS
Em que não tens o melhor papel.

CARLOS
Nem tu.

MADAME VARGAS
Acho esquisito que tivesses ficado para dizer insolências.

CARLOS
Não as direi mais.

MADAME VARGAS
Belfort falou-te. É um amigo comum.

CARLOS
Extraordinário, absolutamente extraordinário, é o que ele é.

MADAME VARGAS
A tua insistência, os teus ciúmes não me davam coragem para te expor a salvação da minha vida. Chamei-o como a única pessoa capaz de te convencer.

CARLOS
Convenceu-me. Mas por que chamá-lo? Que se deu? O que eu pensava? Bastava que me tivesses dito logo no primeiro dia. Sou um cavalheiro, sou ao menos teu amigo. Compreendo as necessidades. Compreendo muito bem. Para que fingiste? Tu é que andaste mal.

MADAME VARGAS
Eu? Se não tivesses estabelecido um cerco angustioso em torno de mim, a espreitar, a en-

trar a todo o instante, a responderes quase com ódio, se não tivesses a cada passo uma cena terrível de ameaça, teria agido doutro modo. Mas tu viraste meu inimigo.

CARLOS
O amor é cego.

MADAME VARGAS
Sabes que detesto frases vazias.

CARLOS
Eu também. Principalmente ditas por nós.

MADAME VARGAS
Esse tom de impertinência vai-te mal.

CARLOS
Não sei por quê.

MADAME VARGAS
Devo lembrar-te que falas comigo.

CARLOS
Estou certo.

MADAME VARGAS
Eu é que estou cansada, ouviste? Esses teus modos são para outro lugar.

Carlos
Não se trata aqui da minha educação. Trata-se de um arranjo. Eu estava estorvando. Vem o Belfort e eu cá estou pronto. Nada de *talon rouge-apaches*!

Madame Vargas
Longe de me acalmar, tudo quanto dizes, mais me excita. Se tivesses aceitado razoavelmente os fatos, não dirias grosserias.

Carlos
(*rompendo*)
Mas vocês são engraçadas! Vocês são tão boas como as outras, vocês têm amigos, vocês têm protetores, com que combinam enganar a humanidade...

Madame Vargas
Carlos!

Carlos
E no momento em que lhes falamos como a iguais, ficam imensamente ofendidas.

Madame Vargas
Carlos! Carlos!

Carlos
Que temos?

MADAME VARGAS
É demais. Não me afrontes mais. É indigno o que fazes.

CARLOS
Somos iguais. Nada de poesia.

MADAME VARGAS
Nunca pensei que me humilhasses assim... Não o podias fazer.

CARLOS
Não se trata do que eu possa fazer.

MADAME VARGAS
É uma miséria! E dizer que me entreguei a um grosseirão da tua ordem!

CARLOS
O papel da vítima vai-te mal.

MADAME VARGAS
Esqueci todo o meu passado, o meu nome, o meu futuro...

CARLOS
A bela lamentação!

MADAME VARGAS
Meu Deus!

Carlos
Mas não perdes o futuro, fica certa. Que é preciso fazer? Desaparecer? Acompanhar o casamento?

Madame Vargas
Tenho pena de ti, Carlos!

Carlos
Em troca eu tenho-te inveja!

Madame Vargas
Para que cavar entre nós o abismo das más palavras?

Carlos
Há um maior.

Madame Vargas
Há a fatalidade – o que não podia deixar de ser.

Carlos
Achas?

Madame Vargas
Mas o que desejas tu, afinal? Que eu perca minha posição social? Que me denuncie publicamente tua amante? Que eu case contigo? Dize. Não podemos continuar indefinidamente

nesta situação, em que me colocas. Não te bastou, o meu corpo, não te bastou o meu orgulho. Queres ver-me vilipendiada, corrida. O meu erro foi pensar um momento que tinhas por mim alguma afeição.

CARLOS
Hortênsia!

MADAME VARGAS
Não vens nunca senão com a ameaça. O teu amor é a violência e a afronta. Que queres tu afinal? Dize, que eu faço. O barão falou-te. Estou arrependida de lho ter pedido. Era melhor, sem receio, desde que é esta a minha situação, arrostar com tudo. Vamos a saber. Queres casar comigo?

CARLOS
Hortênsia!

MADAME VARGAS
Queres? Essa seria a melhor das hipóteses para mim e é irrealizável. Sabes bem que é. E as outras? As outras são o meu desastre apenas.

CARLOS
Quando se ama não se reflete como tu refletes. O teu casamento é um pretexto para me afastar. Já não me queres.

MADAME VARGAS
Não quero loucuras, não quero o meu sacrifício inútil – inútil porque não o compreenderias. Por enquanto eu sou a Bela Madame Vargas que requestas num lindo *villa* na melhor sociedade. Seria a mesma amanhã seguindo-te na miséria?

CARLOS
Para que frases?

MADAME VARGAS
Quero ao menos saber francamente o que desejas. Esta é a nossa última explicação. Fala.

CARLOS
Para quê?

MADAME VARGAS
Fala, dize o que desejas, o que se poderá fazer?

CARLOS
Ora!

MADAME VARGAS
Dize sempre. Dize... ficaremos com a situação clara.

CARLOS
O amor é o sofrimento.

MADAME VARGAS
O amor é a dedicação. Mas não fales de amor!

CARLOS
Falo, falo, sim. Queres saber? Sofres? Eu sofro muito mais. Já não vivo senão com a tua idéia, idéia de egoísmo, de ambição, de desejo, seja! Mas tua! Cada um ama como pode. Há três meses que me importava ires com outro... casares? Há dois meses mesmo! Hoje eu não posso, eu não quero, oh! sim! não quero, não! Ver-te com outro, só a lembrança me enche de sangue a cabeça e me atordoa.

MADAME VARGAS
Não divagues, Carlos. Fala a verdade.

CARLOS
Digo o que sinto.

MADAME VARGAS
Dize inteiramente.

CARLOS
Não quero que cases.

MADAME VARGAS
Que devo fazer então? Casar contigo? Fugir contigo?

Carlos
Hortênsia!

Madame Vargas
Mas completa o teu pensamento, tem a coragem de completá-lo, dize o que ambos sentimos há muito tempo. Não é o meu casamento que te preocupa. Quantas vezes falaste dele a rir como uma coisa fatal.

Carlos
Hortênsia!

Madame Vargas
Não te incomodava eu ser de outro, não te aborrecia isso, o sangue não te enchia a cabeça nessa ocasião. Eu que te ouvia, tu que falavas como éramos iguais! Tem pois a coragem da verdade. Não te aborreceria que eu desposasse fulano ou sicrano, o deputado Guedes ou o banqueiro Praxedes. O que te incomoda, o que tu não queres é que seja o José.

Carlos
Pois sim. Confesso. É verdade. Odeio-o, odeio-o. Não me revoltaria se casasses com outro. Mas com ele não! Com esse nunca! Com ele é que não quero.

Madame Vargas
Por quê?

Carlos
Não sei, não sei!

Madame Vargas
Por que é rico?

Carlos
Não sei.

Madame Vargas
Por que é moço?

Carlos
Não quero! Não quero!

Madame Vargas
Por que é digno?

Carlos
Como eu adivinhava! Antes de ser comerciante, és bem mulher. Sim, não quero que cases com ele, confesso-o porque é rico, é moço, é digno – porque é estúpido, porque o amas. Sim. Gostas dele! É o único de quem tu gostas. Cada dia gostas mais. Cada dia mais. Vi, senti, tive a certeza. Eu fui a loucura que se recorda com horror. Ele é o teu amor.

Madame Vargas
Estás louco. Fala baixo.

CARLOS

Não negues, não mintas também. Acabemos com isso. Há um mês que lutamos eu e tu – eu querendo saber, tu a fugir. Vieste. É um bem. Sabes o que eu penso. Mas eu sei o que tu sentes. Esse imbecil conquistou-te! Todos nós colaboramos para que ele ficasse em foco. E tu amaste-o ao vê-lo. E tu me abandonas por causa dele.

MADAME VARGAS

Não!

CARLOS

Não ocultarias, se o não amasses. E fingiste, fingiste! Para que, fingiste tanta razão, tu que és tão doida como qualquer de nós? Para que fostes buscar Belfort, para acabar as nossas relações!

MADAME VARGAS

Pela tua exasperação contínua. Com medo por ti.

CARLOS

Medo por ele! Só por ele! Ele é o alfenim a que tu vais pertencer e não deve ser incomodado. A sociedade! Os teus credores! Mas continuarias comigo apesar da sociedade e dos credores, se não fosse ele. Tudo por ele, só por ele!

MADAME VARGAS
Medo por ti, por mim.

CARLOS
Eu é que grito agora: deixa de farsa! Mas escuta, vem cá. Há instantes lembraste as minhas conversas sobre a possibilidade do teu casamento. Pois bem. Dize-me cá: se casares com ele continuaríamos os dois, os mesmos?

MADAME VARGAS
Mas é indecente o que fazes. Não estás no teu juízo. Tudo o que dizes é desvario.

CARLOS
Porque eu sei que não será, compreendes? Eu sei. Ele adquiriu-te completa com a estupidez e o dinheiro. Já viste um imbecil enganado pela mulher? Nem que case com uma meretriz!

MADAME VARGAS
É demais! É demais! Carlos, vai-te. Tinha de acabar assim a nossa afeição. Pensarás depois na grande dor que me dás! Vai-te. Não posso mais! Não posso mais! Está tudo acabado!

CARLOS
Como o amas! Como queres ver-te livre de mim para realizar com ele toda a tua ambição! Atiras-me à rua como um trapo, como uma

bola de papel. Mas é que não sabes que eu não quero.

MADAME VARGAS
Não queres o quê?

CARLOS
Não quero que case contigo.

MADAME VARGAS
É uma baixeza que não farás.

CARLOS
Nunca mulher nenhuma me abandonou. Vais ver.

MADAME VARGAS
Não farás. Não será possível!

CARLOS
Nem tu, nem as conversas do Belfort, nem cem como tu me poderiam deter.

MADAME VARGAS
Dir-lhe-ei tudo, contar-lhe-ei tudo, antes de ti. Ele me perdoará.

CARLOS
Antes de lho dizeres, vou eu dizer-lho!

MADAME VARGAS
Carlos, não transformes o meu sentimento por ti em ódio.

CARLOS
(*pegando o chapéu*)
O teu sentimento por mim agora é medo. Mas não creias que me dominarás, que me vencerás. Ele não casará contigo.

MADAME VARGAS
Ele é um homem de bem. Não te ouvirá.

CARLOS
Gritarei!

MADAME VARGAS
Correr-te-á!

CARLOS
Não o fará, ouviste? Não o fará! Não se trata mais de mulheres doidas e de velhos tolos. Trata-se de homens, estás ouvindo!

MADAME VARGAS
(*precipitando-se*)
Carlos! Carlos!

CARLOS
(*no auge da fúria agarrando-lhe os pulsos*)
Fica sabendo. Fica sabendo bem. Havemos de contar-lhe tudo, ouviste? Havemos de ver-lhe a decepção de idiota. E ele não correrá ninguém porque se der um passo – mato-o! (*atira-a sobre as cadeiras, sai*)

MADAME VARGAS
(*soluçando*)
Carlos! Carlos! Carlos!

(*O pano cerra-se bruscamente.*)

ATO TERCEIRO

(*O mesmo cenário do segundo ato, seis horas depois. É o salão de música à noite. Há um extraordinário luar, que inunda os espaços e se alastra fora pelo terraço. Das janelas e da porta vê-se bem o luar. A varanda está toda cheia da luz da noite. Estão no salão* MADAME VARGAS, BELFORT, BABY GOMENSORO, MADAME AZAMBUJA, D. MARIA, JULIETA, CARLOTA PAES, GASTÃO, DEPUTADO GUEDES *e* JOSÉ FERREIRA.

Quando levanta o pano todos em roda do piano dão palmas e aplaudem Mme. Azambuja que termina o segundo noturno de Chopin.)

BABY
É realmente admirável.

GUEDES
V. Ex.ª toca divinamente.

CARLOTA
É a alma de Chopin.

BELFORT
Eu ficaria reconciliado com os pianos, se todos os amadores fossem como Mme. Azambuja.

MADAME VARGAS
Não sei; esse noturno deu-me vontade de chorar.

D. MARIA
É porque estás nervosa.

JOSÉ
Ainda tem dor de cabeça?

MADAME VARGAS
Ainda, um pouco.

BABY
Deixe de cuidados demasiados. D. Hortênsia não podia deixar de estar nervosa.

MADAME VARGAS
Ora esta. Por quê?

BABY
Um noturno de Chopin com este luar!

CARLOTA
(*indo à janela*)
Está realmente um luar deslumbrante.

GASTÃO
Muito bonito.

MADAME AZAMBUJA
Um luar para tragédias.

BABY
Ó Dr. Ferreira, avistamos a sua casa de cá?

JOSÉ
Não, *mademoiselle*.

GUEDES
Está uma claridade de dia...

MADAME AZAMBUJA
Fica a gente romântica. Lembra Shakespeare.

JOSÉ
Romeu e Julieta...

JULIETA
Verona...

D. MARIA
Uma escada de seda.

CARLOTA
E os versos do Bilac.

(*Madame Azambuja fica a tocar languidamente; enquanto em torno e perto da porta conversas. Madame Vargas e Belfort no primeiro plano.*)

BELFORT
Por que está tão abatida?

MADAME VARGAS
A cabeça estala-me, já não posso ter mão em mim. É o máximo da resistência.

BELFORT
Mas por que abandonar a coragem no último momento?

MADAME VARGAS
Porque é o desastre.

BELFORT
Que idéia triste. Vai partir e tudo será pelo melhor, ao contrário.

MADAME VARGAS
É que nunca pode imaginar o que se passou com Carlos. A sua presença exacerbou-o.

BELFORT
(*vinco na testa*)
Hein?

MADAME VARGAS
Ameaçou-me de tal forma, que a todo instante o espero. Carlos é capaz de tudo!

BELFORT
Minha cara Hortênsia, pode ter a certeza de que são raros os capazes de tudo. Os capazes de tudo são os excepcionais. O mundo é uma grande repartição pública. Nessas repartições há sempre um ministro para centenas de funcionários. No mundo há um ser de exceções para milhares de outros que não passam de amanuenses da vida.

MADAME VARGAS
Amanuense o Carlos!

BELFORT
Há amanuense e amanuense. Há os que trabalham, casam, pagam a lavadeira, têm filhos e cometem regularmente outras coisas insignificantes; e há os que indo à repartição pretendem cometer ações de maior importância e não fazem nada. O Carlos pertence aos que não fazem nada. É amanuense da vida com a proteção do diretor e o medo dos credores.

MADAME VARGAS
Por que brincar ainda, barão, neste momento angustioso?

BELFORT
Porque tenho confiança no futuro.

MADAME VARGAS
Se escapássemos até amanhã a catástrofe estaria adiada.

BELFORT
Só se dão as catástrofes pelas quais não esperamos.

MADAME VARGAS
Eu é que não posso mais. Se ele vem, se faz o escândalo público!...

BELFORT
Esquece que estou aqui!

JOSÉ
(*no grupo junto à janela*)
Com essas disposições, o luar deixa-a incapaz de resistir?

BABY
Não sei. Teria uma grande vontade de ser conquistada. Deve ser bom, não acham?

GUEDES
Aquele grande palacete é o do banqueiro Praxedes?

D. MARIA
Conhece-o? É um sujeito terrível esse tal Praxedes. Já me explicaram por que quando conversa fecha os olhos.

JULIETA
Por que é?

D. MARIA
É para ter tempo de fazer algumas somas entre as perguntas e as respostas.

CARLOTA
(ao fundo)
Hortênsia, venha ver os efeitos do luar. Parece ouro líquido.

MADAME VARGAS
(caminhando)
Há noites doidas.

BABY
Doidas é o termo.

BELFORT
(baixo a José)
Parabéns.

JOSÉ
De quê?

BELFORT
Sei que parte amanhã.

JOSÉ
Psiu, quem lho disse?

BELFORT
Hortênsia estava a pedir-me que tratasse da passagem dela.

GASTÃO
(*descendo*)
É esquisito. Todos nós falamos do luar. Só o barão parece não o ver.

BELFORT
Porque adoro as coisas simples e naturais.

D. MARIA
Acha então o luar pouco natural?

BELFORT
O luar é o artifício. Metemos-lhe tanta coisa, arrebicamo-lo tanto, que nada mais resta do verdadeiro luar. A lua das cidades é uma invenção literária. Acho muito mais natural a D. Carlota ou o deputado Guedes.

GUEDES
Mas já lhe tenho dito uma porção de vezes que não sou reconhecido...

BABY
Não é?

GUEDES
Infelizmente!

MADAME AZAMBUJA
Mas o que vai ser então?

BELFORT
Sim, se não for deputado o que vai ser então?

GUEDES
Ah! isso... Hoje com a certeza do meu degolamento, o partido que está no governo ofereceu-me a candidatura à presidência.

BABY
Bravo! Presidente!

GASTÃO
Mas são precisas muitas coisas para ser presidente?

GUEDES
Sim. Capacidade, energia, tino...

BELFORT
Tudo isso é demais.

JOSÉ
Como assim?

BELFORT
Para ser presidente de estado no Brasil só é necessário uma qualidade: a de saber preparar o *buffet*.

TODOS
Hein? Como?

BELFORT
Porque sendo a campanha das candidaturas uma noite de contradanças, os vencedores só têm uma preocupação política administrativa: avançar na ceia...

GUEDES
(*riso geral*)
Vê-se que o barão gosta de brincar. Não respondo a pilhérias.

BELFORT
É sempre assim que os presidentes começam.

MADAME VARGAS
E se saíssemos um pouco?

D. MARIA
Com este sereno!

MADAME VARGAS
Vamos todos até à estrada?

JOSÉ
Que idéia!

BELFORT
Que nervos, diga antes. Vai piorar a sua dor de cabeça.

MADAME VARGAS
Ao contrário. Talvez me faça bem. Venha daí, doutor.

TODOS
Vamos! Não! Bela idéia!

BELFORT
Eu não. Prefiro fumar um cigarro no terraço.

MADAME AZAMBUJA
Não. Estou cansadíssima.

(*Movimento de saída, saem todos; ficam apenas Mme. Azambuja e o deputado Guedes.*)

GUEDES
Que imprudência, saírem por aí.

MADAME AZAMBUJA
Hortênsia está nervosíssima.

GUEDES
Esta vida mundana é motivo de graves neurastenias.

MADAME AZAMBUJA
Depois as preocupações...

GUEDES
Quais?

MADAME AZAMBUJA
Só sustentar este luxo e escolher os *flirts*.

GUEDES
Má língua.

MADAME AZAMBUJA
Eu? Ao contrário. Falo a verdade. Só não vê quem não quer. Não lhe parece muito terno o Dr. Ferreira?

GUEDES
Sempre pensei que fosse o outro, o Dr. Carlos.

MADAME AZAMBUJA
E depois diga que sou eu a má língua. Pois contam-no também, ao Sr. no rol dos apaixonados.

Guedes
Sabe bem que só tenho uma paixão.

Madame Azambuja
A política?

Guedes
Nunca se ama o que nos sustenta.

(*D. Maria entra.*)

D. Maria
Que imprudência! Lá se foram!

Guedes
É um passeio extravagante.

D. Maria
O Dr. Guedes é que não iria, hein? A Tijuca mete-lhe medo.

Guedes
Perdão. Mete-me medo quando vou com senhoras de respeito. Só, ou com homens, acho até graça. Já uma vez vim cá à noite com um amigo do meu estado e dei com uma ceia de estalo na mesa do imperador. A iluminação era a velas multicores.

D. Maria
Que escândalo!

Guedes
Só cocotes e rapazes, que diziam os maiores horrores!

Madame Azambuja
Atacaram-no?

Guedes
Felizmente não. Escapei porque estava na roda o senador Policarpo.

D. Maria
A propósito, a senhora do senador Policarpo continua a enganar o marido?

Guedes
Absolutamente.

Madame Azambuja
É lá senhora de voltar atrás. Nunca!

Guedes
O Policarpo é que enviuvou.

D. Maria
Foi o seu primeiro ato de satisfação à sociedade.

(*Baby e Belfort aparecem à janela do lado da varanda.*)

MADAME AZAMBUJA
Já acabou o cigarro?

BELFORT
A apostar que falavam mal da vida alheia?

BABY
Enquanto nós falávamos de amor.

MADAME AZAMBUJA
Alguma declaração?

BELFORT
Não. A Baby confessava que precisa amar. Eu disse-lhe que trabalhasse em alguma coisa útil. O amor é sempre um resultante da falta do que fazer. Ela ri e não acredita. Chamou-me de criança.

D. MARIA
O topete desta menina!

BELFORT
Deus fala pela boca da inocência.

BABY
(*que já está na sala*)
Não me faça corar!

Belfort
Impossível. Abusou tanto do *rouge* hoje que está permanentemente ruborizada. (*Baby corre à janela. O barão escapa*)

Madame Azambuja
A verdade é que o barão é um inimigo do casamento.

Belfort
(*entrando*)
Eu?

Guedes
Pelo menos não pensou nunca em casar.

Belfort
Apenas por influência de leituras. Em rapaz caiu-me nas mãos um livro antigo escrito em latim. Falava do casamento e dava o silogismo do matrimônio segundo Bias.

Baby
Que Bias?

Belfort
Um sujeito muito antigo que morreu antes de nós nascermos. Bias diz: A mulher que escolhemos será bela ou feia. Se for bela, não será só tua, se for feia casarás com uma fúria.

Madame Azambuja
Oh! Barão!

Belfort
É verdade que logo depois o autor citava Favorinus que aconselha o meio-termo entre as duas, e Quintus Ennius que chama o meio-termo de *stata*. Até hoje procuro a *stata* e não há meio de me resolver...

Madame Azambuja
(*indo ao piano corre uma escala*)
Mas que extravagância a de sua sobrinha, D. Maria. Tanto mais quanto estou arrependida de não ter ido também.

Belfort
Obrigado, por todos nós.

Madame Azambuja
Não. É que o luar me põe nervosa.

Belfort
O luar é o inventor de todas as loucuras segundo alguns literatos. Até o nosso Guedes, com um luar destes seria capaz de as realizar.

Guedes
Não. Tenho sempre juízo... Não sou mais homem para essas coisas.

BELFORT
Por quê? Porque vai ser presidente de estado?

GUEDES
Porque a espinha mo proíbe.

BABY
Sofre da espinha?

GUEDES
Aqui onde me vê, D. Baby, sou um candidato à ataxia.

BABY
Estão respiremos.

D. MARIA
É uma moléstia grave, Baby.

BABY
Mas basta que o Dr. Guedes seja candidato a ela para que a gente tenha a certeza de que não a apanha.

GUEDES
Má! E o senhor barão a rir. Está a fazer da Baby uma discípula.

BELFORT
Não. Rio com sentimentos conservadores – com medo de perder a alegria. É tão raro en-

contrar alguém alegre. Vejam os transeuntes na rua. Cada fisionomia tem um vinco de preocupação. As mulheres olham-se com mal disfarçado rancor. Os homens não conseguem esconder a mágoa oculta. Já ninguém mais ri francamente. O riso foi a princípio o prazer de devorar. Foi depois o prazer de viver. Hoje é o desespero de não poder arrasar a geração. A Baby ri por prazer, ao menos.

BABY
Obrigada pela conferência. Vou colecionar anedotas.

(*Mas pela varanda surgem a correr e a rir* MADAME VARGAS, JOSÉ, GASTÃO, CARLOTA, JULIETA. *Irrupção na sala.*)

MADAME AZAMBUJA
Ora viva a companhia!

MADAME VARGAS
Uma corrida louca, minha filha!

CARLOTA
Fomos perseguidos.

GUEDES
Que dizia eu?

Julieta
Só o Gastão nos salvaria.

José
Imaginem. Dois automóveis cheios de cavalheiros e damas.

Madame Vargas
Queriam por força reconhecer-nos.

D. Maria
Como assim?

Madame Vargas
É que tínhamos tapado o rosto com as *écharpes*.

Julieta
O Amaral Fataça pegou-me o braço teimando que eu era a Liliane.

Carlota
Felizmente, Gastão conseguiu fazê-lo recuar.

Julieta
Traiu-nos.

Belfort
Mais uma vitória nos bíceps, Gastão?

Gastão
Qual bíceps. Inteligência!

Belfort
É surpreendente!

Baby
Que fez você?

Julieta
Disse o nosso nome, é claro.

Gastão
Juro que não. Foi tudo quanto há de mais simples. Disse que as senhoras eram outras.

Carlota
Que outras!

Gastão
Outras senhoras que eles flertam.

José
Foi um salve-se quem puder!

Carlota
E corremos até aqui.

Madame Vargas
Mas a cena aumentou-me ainda a dor de cabeça.

José
Não será coisa de gravidade?

Madame Vargas
Não. Quando tenho uma forte emoção a dor vem sempre.

José
Por que não toma um pouco de aspirina?

Madame Vargas
Não, obrigado.

Madame Azambuja
É uma dor tremenda essa. Eu nunca a tinha tido. Parece-lhes impossível? Pois é. Só há oito dias é que a senti pela primeira vez. Quase morro!

Belfort
Que me diz?

Madame Azambuja
Sério. Foi depois de um jantar em casa de Madame Braga, a esposa do homem de borracha.

Carlota
Aquela que dá agora recepções?

Gastão
Uma senhora tremendamente gorda?

MADAME AZAMBUJA
Essa mesma. Nunca vi tanta gente feia reunida.

BABY
A dor de cabeça talvez fosse disso.

MADAME AZAMBUJA
Gente que só vemos nos bailes oficiais do Catete e nas reuniões para a construção da Torre do Coração de Jesus, no *club* dos Diários. Havia três donos de seringais, com diamantinos nos dedos.

BABY
Que horror os diamantinos nos dedos dos homens!

MADAME AZAMBUJA
A Braga estava decotada, com um colar que o marido disse ter custado 200 contos.

CARLOTA
É uma relação muito razoável. Não acha, D. Maria?

D. MARIA
De acordo. *Très bien*.

MADAME AZAMBUJA
Mas é que vocês não imaginam a Braga decotada!

Baby
Eu a vi ontem no Lírico.

Madame Azambuja
Não é verdade? Já viste decote igual?

Baby
Francamente em público, desde que perdi a minha ama-de-leite, foi a primeira vez...

Guedes
Mas o decote da senhora Braga é que lhe causou a dor de cabeça?

Madame Azambuja
Não sei. Atribuo aos seringueiros, ao decote, àquela gente toda e a uma salada, à moda do Pará, que serviram no fim. Era de matar.

Gastão
Não há nada pior do que uma salada quando faz mal.

Madame Azambuja
Até agora não sei do que era. O senhor barão, que sabe tudo, conhece por acaso a salada ao Pará?

Belfort
Qual delas? Porque há muitas. Salada é o

termo que se aplica admiravelmente a todas as coisas do Brasil. Há a salada política de que por exemplo agora o Guedes é o azeite. Há a salada filosófica em que ninguém se entende. Há a salada social, uma dessas saladas *panachés* que dariam indigestões a um avestruz. A qual delas se refere?

JULIETA
Às que se comem, está bem visto.

BELFORT
Dessas não sei. É verdade que o diplomata Schmidt pretendeu ensinar-me uma. Mas não consegui. Quando chegava a lição estava sempre com *champagne* demais.

JOSÉ
Era apanhá-lo quando a tivesse de menos.

BELFORT
Impossível. Schmidt apostou que o *champagne* não lhe faz mal. De modo que quanto mais bebe mais vontade tem de beber para mostrar que é forte. Tem com isso um lucro. Apesar de morar à beira-mar desconhece a ressaca...

D. MARIA
Mas, pelo amor de Deus, não falemos mal da vida alheia!

BELFORT
Que havemos de fazer então para sermos elegantes?

CARLOTA
Irmo-nos embora, por exemplo. Hortênsia precisa descansar.

MADAME VARGAS
Oh! não.

CARLOTA
Pois sim! Não deseja você outra coisa.

GASTÃO
Está evidentemente doente.

JOSÉ
Não diga!

MADAME VARGAS
Descanse. Não tenho nada.

GUEDES
Mas há de dar licença. (*cumprimenta*)

JULIETA
É isso mesmo. Estamos insuportáveis.

CARLOTA
Vivemos quase na casa de Hortênsia.

MADAME AZAMBUJA
Hoje só faltou o Dr. Carlos.

BABY
É verdade. O que andará fazendo aquele conquistador?

BELFORT
Dorme com certeza sobre os louros.

MADAME VARGAS
Até amanhã.

GUEDES
Vai V. Ex.ª ao Lírico?

MADAME VARGAS
Talvez.

MADAME AZAMBUJA
É ópera nova.

BELFORT
Então não presta.

JULIETA
Por quê?

BELFORT
Porque todas as óperas novas são sempre para os entendidos do Rio, borracheiras tremendas.

BABY
Se D. Hortênsia for, eu quero lugar no camarote.

MADAME AZAMBUJA
Por causa do tenor?

BABY
Por causa do Gastão. O camarote do pai é pegado.

MADAME AZAMBUJA
Para começar, quer você vir no meu automóvel? Deixo-a em casa.

BABY
Merci. Aceito.

(*Põem as capas. D. Maria ajuda-as.
Cumprimentos* shakehands.)

GUEDES
É uma imprudência vir à porta, senhora D. Hortênsia.

CARLOTA
Não venha, Hortênsia.

Madame Azambuja
Melhoras. Nunca vi você tão nervosa como esta noite.

Baby
É verdade. Eu também. Ó Dr. José, leve-nos até lá embaixo.

José
Mas vou também com as senhoras.

Carlota
Como, se mora para cima?

Madame Azambuja
Nada de *flirts*, Baby. É tarde.

(*No salão, sós, Belfort e Hortênsia.*)

Belfort
Que lhe disse eu? Não veio!

Madame Vargas
Mas onde estará, que fará ele?

Belfort
Tranqüilamente em qualquer *club*.

Madame Vargas
O barão não o conhece.

BELFORT
Melhor do que a Hortênsia.

MADAME VARGAS
Ele faz alguma, ele disse que faria.

BELFORT
Esta noite pelo menos parece ter adiado. Tenho a certeza. Foi a sua última cena. Ele sabe quem eu sou, e sabe que o tenho...

MADAME VARGAS
Barão, salve-me! Mais algumas horas e eu terei evitado esse desgraçado empecilho. Já começam a falar nele, já o notam. Ouviu a Renata?

BELFORT
Tenha confiança. Eu quero e quando eu quero, raramente os outros deixam de querer o que eu quero. Estou vigilante. Se o que lhe disse não bastar, agirei, e diante do que eu tenho, as suas veleidades desaparecerão.

JOSÉ
(*voltando*)
Então até amanhã.

MADAME VARGAS
Meu bom José... Vai, não é assim?

José
Que se há de fazer, se é vontade sua.

Madame Vargas
José, vá. E saiba que nunca na minha vida estimei alguém como o estimo.

José
Está nervosa, Hortênsia. Continua nervosa. Não imagina como fico inquieto. Ainda há pouco quase compromete o nosso segredo...

Belfort
Descanse, é a emoção da despedida. O único meio de ser feliz é não discutir os caprichos da dama dos nossos sonhos.

José
Eu estou também muito alegre, e muito triste!

Madame Vargas
Não! Não! Deves ficar alegre, e só alegre!

Belfort
Está bem, está bem, nada de nervos.

José
Eu vou, Hortênsia. Até amanhã.

HORTÊNSIA
Adeus, meu querido José. (*dá-lhe a mão a beijar*)

BELFORT
(*interrompe*)
Vai para sua casa?

JOSÉ
Claro. Arranjar as malas.

BELFORT
Consente que o acompanhe? A noite está linda. Preciso dar um passeio. Levo-o no meu automóvel e conversaremos.

JOSÉ
Não se incomode, por quem é... Estamos a duzentos metros se tanto...

BELFORT
Não. Quero ver como se comporta. Já não o largo! Minha cara Hortênsia. Tenha fé! Está tudo acabado. Até amanhã. (*a D. Maria que lhe dá o sobretudo e o chapéu*) Não, sem sobretudo. Obrigado. (*a José saindo*) Diga-me? Nunca teve medo de bandidos? Eu gosto imenso. O bandido é o covarde valente, sem a coragem de afirmar. Sempre tive vontade de encontrar um bandido face a face. Se fôssemos atacados?

JOSÉ
Sempre o mesmo barão. Até amanhã, Hortênsia! Descanse. Não fique mais nervosa. Adeus.

HORTÊNSIA
Até amanhã. (*saem José e Belfort*)

MADAME VARGAS
Ah! Dia! Dia horrível que não acaba! Mais algumas horas e salvo-me!

D. MARIA
Queres partir?

MADAME VARGAS
Quero impedir que mais uma vez estraguem o meu futuro. Só! Quero ser feliz, compreendes? Quero mostrar publicamente que eu também amo, que posso ser uma esposa que se inveje. Quero a claridade do dia! Basta de escuro, basta de crime.

D. MARIA
Não te excites assim, com as próprias palavras. Tens um pouco de culpa...

MADAME VARGAS
Tia, não me censures.

D. Maria
Eu teria dito a esse pequeno cínico as coisas como elas são, desde o começo. Garanto que só ameaça vingar-se por despeito.

Madame Vargas
A quem o dizes! E a cada gesto seu, mais sobe José no meu conceito, mais vejo quanto desci, mais sinto a minha ignomínia, mais amo o outro. Sim. Não é mais interesse, não é mais, não. Com esse que me ofereceu tudo e não pediu nada, com esse eu iria. Porque o amo!

Porque o amo! E ter aquela criatura imaginado estragar a minha vida, perder-me no conceito de José, só porque me assaltou num momento de lassidão e de amargor! Oh! não sabe ele como me defenderei! Faltam apenas algumas horas. Depois já não poderá dizer nada, já não poderá fazer nada, estará sem os dentes de veneno e peçonha...

D. Maria
(*indo apagar o lustre central*)
Vem deitar-te. É melhor.

Madame Vargas
Não. Um instante. Quero repousar os nervos.

D. Maria
(*hesitante*)
Não fazes hoje nenhuma tolice?

MADAME VARGAS
Oh! Tia!

D. MARIA
Ainda ontem, minha filha!

MADAME VARGAS
Ontem... vai já tão longe. Hoje preferiria morrer.

D. MARIA
Ainda bem. Tudo menos aquilo.

MADAME VARGAS
Oh! tia, não insistas. Até já: vai-te deitar.

D. MARIA
Até já, meu tesouro. Hás de ver. Não acontecerá nada de mau. Ele não cometerá as infâmias que disse. Repousa. Está para chegar a felicidade. Não te apoquentes mais. (*sai*)

(*Madame Vargas, um instante só.*)

MADAME VARGAS
Como custa a chegar a felicidade!

(*Tem um largo suspiro, fica um instante diante
do espelho abatida. A porta do terraço
descerra-se. Entra por ela num golfão de luar*

Carlos. *Madame Vargas vê a sua entrada pelo espelho. Volta-se aterrada.*)

Carlos
Boa noite.

Madame Vargas
Tu? Tu aqui?

Carlos
Do que se admira? Não é a primeira vez.

Madame Vargas
Voltaste? Voltaste depois do que se deu ontem conosco?

Carlos
Como vês. Não incomodo? Andei por fora à espera que os outros saíssem.

Madame Vargas
Tens coragem de voltar, de entrar aqui, sem meu consentimento alta hora?

Carlos
Deixei-te tão doida hoje à tarde! Precisávamos conversar, não te parece?

Madame Vargas
Mas não temos mais o que dizer. Mais nada. Será o que tu quiseres. Tudo quanto quiseres.

CARLOS
Finges calma! Estás convencida de garantias. O barão encheu-te de confiança. Vê-se!

MADAME VARGAS
Não. Fizeste-me sofrer muito e perdeste com isso o que me restava de afeição por ti. Podes fazer o que quiseres. Desinteresso-me.

CARLOS
Ainda bem. Foi o que eu fiz, descansa.

MADAME VARGAS
Que fizeste?

CARLOS
Preparei uma pequena vingança.

MADAME VARGAS
Vindo aqui mais uma vez torturar-me e desgostar-me ainda mais de ti?

CARLOS
Seria isso uma vingança?

MADAME VARGAS
Mas que vingança? Vingança por quê?

CARLOS
Porque me deu na cabeça.

MADAME VARGAS
Sabes que começo a perder a calma!

CARLOS
Vais perdê-la de todo dentro de alguns momentos.

MADAME VARGAS
Tu é que te vais embora imediatamente.

CARLOS
Tem tempo. Depois de liquidarmos o nosso caso.

MADAME VARGAS
Mas afinal que queres tu? Não creio que me vás exigir uma noite, depois do que me disseste hoje. Que queres tu? Discutir o que estamos fartos de saber? Ameaçar-me? Dize, fala. Que queres tu afinal?

CARLOS
Não sei se recorda há três meses uma noite de luar assim?

MADAME VARGAS
Desgraçada noite!

CARLOS
Há três meses era outro o seu pensar...

MADAME VARGAS
Não pensava de forma alguma. Rolava um abismo.

CARLOS
(*sempre calmo, sentando-se*)
Pois há três meses eu beijava doido de alegria um bilhete teu...

MADAME VARGAS
Não tragas a história do bilhete. Sempre a mesma, sempre a mesma.

CARLOS
Foi o único que me escreveste. Beijo-o muito. Tenho-o de cor.

MADAME VARGAS
Devias restituir-mo.

CARLOS
Acabo de o fazer.

MADAME VARGAS
Como?

CARLOS
Recordas decerto as breves palavras sem nome algum, misteriosamente atiradas à sombra. "Espero-o hoje à noite. Deus perdoe a minha loucura. Venha à 1 hora."

MADAME VARGAS
Loucura! Desastrada loucura!

CARLOS
Mas por que se o bilhete sem o meu nome não era para mim?

MADAME VARGAS
Hein?

CARLOS
Era um bilhete que transitava pelas minhas mãos. Só hoje compreendi, e ao sair daqui, meti-o num subscrito e mandei-o a quem de direito pertence agora. É um bilhete talismã. Serve de passe.

MADAME VARGAS
Não compreendo.

CARLOS
É simples, caramba! Mandei o teu bilhete ao Dr. José Ferreira.

MADAME VARGAS
Tu fizeste isso?

CARLOS
Com certeza lho entregaram agora, quando voltou para casa.

Madame Vargas
Tu fizeste isso?

Carlos
Honestamente, sem uma palavra minha. Sou um homem que se preza. E depois a cena é muito mais interessante como a imagino. A estas horas, o Dr. Ferreira deve estar doido de alegria a olhar o relógio.

Madame Vargas
Mas para que fizeste isso? Por que não me deste o bilhete a mim? O José virá, eu direi qualquer coisa... é tão simples mentir! Não terás senão feito mais uma pequena infâmia para me aborrecer.

Carlos
Decididamente perdes a inteligência com a perspectiva do casamento. Mandei-lhe o teu bilhete e vim esperá-lo contigo.

Madame Vargas
Tu?

Carlos
Ah! minha dona, pensavas então que eu era qualquer trapo, a pôr de lado no melhor momento? Estavas crente que era possível enganar-me, arredar-me com cantigas e as ameaças do

Belfort, esse velho ridículo que não sei bem o que é aqui? Pensavas mesmo que realizarias o negócio sem me prevenir, pondo-me no andar da rua? Não! Ah! Não! Eu sou alguém, sabes, eu sou alguém. Não sou homem que ponham a andar, não sou desses. Cá estou. Vamos esperá-lo juntos. Ou não tem vergonha, ou com ele não arranjas mais nada. Depois será o que for!

MADAME VARGAS
Miserável! Como és miserável!

CARLOS
Isso. Chama-me nomes. Vamos ver depois. Com aquele ar de *demoiselle* de Sion o Dr. José vai receber um golpe em pleno.

MADAME VARGAS
Indigno! Covarde! Perder assim uma mulher, perder pelo prazer da infâmia, sem outro fim senão o de fazer mal! Por quê, meu Deus? Por quê! Mas pensas mal se acreditas que eu não resista.

CARLOS
Vamos a ver como.

MADAME VARGAS
Saia, saia já daqui!

CARLOS
Muito bonito como teatro.

Madame Vargas
Covarde!

Carlos
Fale baixo, pode acordar alguém.

Madame Vargas
Ao contrário, gritarei. Vou chamar gente, chamo todos. Mando-te pôr fora, pelos criados.

Carlos
Estou certo de que o não farás. É o escândalo já. Ficarão todos sabendo das nossas relações – porque eu também gritarei, contarei. Talvez cheguemos a ter a polícia. Hortênsia, venha cá.

Madame Vargas
Largue-me!

Carlos
Seja! Mas vejo que já não quer gritar. Sempre prudente. O melhor é mesmo esperarmos o homem. É meia-noite. Temos diante de nós uma hora se ele não chegar antes.

Madame Vargas
Não. Tudo o que quiseres, Carlos, tudo, menos essa atroz miséria! Chamá-lo aqui, mostrar-me tal qual sou!

CARLOS
Isso é para os íntimos, ou antes para aqueles a quem já não quer...

MADAME VARGAS
Não é possível! Não é possível! Não farás isso.

CARLOS
Vais ver.

MADAME VARGAS
Depende ainda dele. E ele não vem, afirmo-te eu; não vem porque compreende os perigos desta gente com que vivemos, porque desconfiará de uma traição...

CARLOS
Talvez. Como é homem, porém, terá pelo menos a curiosidade de vir ver. É escusado olhares as portas. (*dando volta a chave da porta da comunicação interna*) Não sairás senão para o escândalo. E eu não desejo que ninguém nos perturbe. Dentro de 50 minutos: ele, tu e eu. A apostar como vem?

MADAME VARGAS
Que venha! Que venha! Deve vir, sim, deve vir, tem de vir! Há infâmias que a fatalidade ajuda. Vem mesmo, está a chegar. E eu sei que vem, porque antes já lhe escrevera chamando-o.

Pobre José! Receberá duas cartas minhas. Sim. Escrevi. Estou a ouvir-te apenas como lição só para sentir bem a tua baixeza, para ver quanto desci. Mas o José está a chegar. Contei-lhe tudo, tudo. Ele sabe tudo. E vai-te expulsar, vai-te correr como um criado ordinário.

CARLOS
Havemos de ver.

MADAME VARGAS
Verás bem pago o teu cinismo. Um homem que tortura assim uma mulher é um covarde. Mas não és tu que o esperas, sou eu que te retenho para que ele te encontre. Que venha! Que venha! (*ruído fora, recua apavorada*) Ah!

CARLOS
(*dando um salto*)
Silêncio! (*vai até a janela, espia o terraço. Hortênsia acompanha-o quase de rastos. Momento*) Uf! nada. Talvez o Brás, passando em baixo... (*olha Hortênsia*) Muito menos desejo de que eu, hein? Dê-me consolo ao menos de confessar que só escreveu a mim! Deixe de fingimentos, não delire. Sim. De fato. Há coisas penosas na vida. Esta espera enerva. Tenha calma. Ainda temos 40 minutos.

MADAME VARGAS
(*implorando*)
Mas que vais fazer? Que vais fazer?

CARLOS
Que vou fazer? O trespasse, minha filha!

MADAME VARGAS
Carlos!

CARLOS
Aqui tem a minha amante; faça-a sua mulher. Hei de gozar-lhe a decepção.

MADAME VARGAS
Mas se não te fez mal algum?

CARLOS
Por isso mesmo, odeio-o. Odeio-o pelos seus ares superiores, pelo seu dinheiro, por essa honestidade palerma que ele exibe como um cartaz, pelas suas idéias, por tudo! Odeio-o visceralmente – odeio-o porque tu o amas! Honesto, rico, querendo casar! Pateta! Como se fosse difícil ser honesto e casar, quando se tem dinheiro! Tivesse-o eu! Tivesse-o eu! E verias em vez deste "Capaz de tudo para viver" o teu honestíssimo esposo. Porque tu havias de amar-me. Oh! as mulheres! Havias de amar-me e en-

ganar-me depois com outro. Aqui, porém dá-se o inverso. Enganas-me a mim para casar com ele! Veremos a gargalhada final quem a dá!

MADAME VARGAS
É a mim que tu perdes, só a mim... Desmoronas para sempre a minha vida.

CARLOS
Que importa, se me abandonaste antes, se por todos os lados me dizem que eu não passo de um malandrim disfarçado? Que importa se devo ceder o lugar aos honestos que são ricos? Eu te ajudaria a enganá-lo se mo tivesses dito. Não mo disseste senão quando era impossível ocultar mais tempo. É porque só amas a ele. Eu vingo-me.

MADAME VARGAS
Ele é forte, ele tem coragem.

CARLOS
Não se trata de coragem. Trata-se de fatos. (*mostrando o bolso da calça onde tem o revólver*) Depois não há valentias diante disto.

MADAME VARGAS
Meu Deus! Meu Deus! Não. Não é possível! Não vás ficar aqui! Não quero mais sangue na minha vida! Não. Eu sujeito-me. Eu recuso o

casamento. Mas parte; deixa-me esperá-lo só. Dir-lhe-ei que não quero mais. Que só te quero a ti. Mas parte. Ou esconde-te. Parte. Vai-te embora.

CARLOS

Dir-lhe-ás tudo isso à minha vista. (*neste instante, batem à porta de dentro. Salto. Angústia. Carlos agarra o braço de Hortênsia*) Baixinho! Baixinho! Se deixar entrar alguém aqui, o escândalo é amanhã de toda a cidade. Estás perdida! (*batem de novo*) Anda. Pergunta quem é. Com calma.

MADAME VARGAS
(*imenso esforço, vencida, olhando-o com ódio*)
Quem está? É a tia?

MARIA
(*dentro*)
Sim, minha filha. É quase uma hora. Não te vens deitar?

CARLOS
(*baixo*)
Tranqüiliza-a, anda.

MADAME VARGAS
Já vou. Não me aborreças. Deita-te tu. (*num ímpeto*) Fecha a... (*Carlos tapa-lhe a boca*)

CARLOS
Cala-te. (*ela debate-se. Rolam no divã. Silêncio angustioso*) Tens que esperar. Quero que esperes. Ao menos hoje obedeces. Eu quero.

MADAME VARGAS
Odeio-te!

CARLOS
E eu vingo-me! (*o relógio bate meia hora dentro*) Temos apenas trinta minutos. Pouco tempo.

MADAME VARGAS
(*esfrega os olhos já secos de não poder chorar, alisa os cabelos, como se convencendo*)
Ele vem! Ele vem! (*desespero*) Não fiques, oh! não fiques! Já te vingaste demais. Sim. Confesso. Devia te ter dito tudo, devia te ter falado. Mas já resgatei o meu crime. Sei que é brincadeira tua, que nada disso é verdade, que não passa de uma tortura, uma grande tortura... Pelo amor de Deus, pelo nosso amor...

CARLOS
Pelo nosso amor, egoísta! Pelo nosso amor, traidora! Pelo nosso amor, vendida!

MADAME VARGAS
Vai-te! Vai-te! Não fiques! Não me tortures! Eu não quero que ele saiba! Não quero não!

Nunca! Nunca! Se tem ciúmes, mata-me! mata-me! anda, mata-me! mas não lhe digas nada.

CARLOS
Dentro de alguns minutos.

MADAME VARGAS
Canalha! Canalha! Canalha!

CARLOS
Vem gente.

MADAME VARGAS
Cana... (*estaca, porém. Carlos precipita-se para a janela. Espia*)

CARLOS
É um vulto: caminha entre as árvores. Veio cedo. É ele.

MADAME VARGAS
(*cai na poltrona sentada, batendo o queixo no auge do pavor*)
É ele! É ele! É ele!

CARLOS
(*tirando o revólver do bolso da calça e coloca-o no bolso do casaco*)
Seja a bela Mme. Vargas, sempre até o fim. Tenha ânimo!

Madame Vargas
Crápula! Eu direi tudo.

Carlos
(*abre todo um lado da porta*)
Esperemos bem. (*precipita-se na cadeira em que está sentada Mme. Vargas. Torcendo-lhe a mão*) Sinto-lhe os passos rápidos na escada. Tenha o ar de quem me presta atenção. Ande.

Madame Vargas
(*debatendo-se*)
Larga-me! Larga-me! (*e quando faz o último esforço*)

Belfort
(*entra, lívido, rápido, voz forte*)
Afinal, encontro-te! (*Carlos ergue-se atônito. Mme. Vargas pende na cadeira. Belfort a Hortênsia*) Mil perdões por entrar na sua casa tão tarde. Mas vi luz e tive a certeza de que Carlos estava cá. Chegou decerto depois dos outros, disse eu: e subi. (*a Carlos*) Vim buscá-lo.

Carlos
(*entre arrogante e atônito*)
A mim?

Belfort
Preciso de você já.

Carlos
Esquisito.

Belfort
Extremamente. Tanto que você vai sair já.

Carlos
É o senhor quem manda?

Belfort
Nada de rodeios. É tarde. Saia já!

Carlos
Manda também cá?

Belfort
Mando onde devo mandar. É inútil a bravata comigo, menino. Poupe-me um pouco a sua petulância. Cartas na mesa. A senhora Hortênsia Vargas vai casar com o Dr. José Ferreira. Eu quero. Você é demais. Disse-lhe que se afastasse. Não quis. Repito-o. Compreendeu? Perdeu a partida.

Carlos
Talvez. Esperamos por esse Ferreira. Mais alguns minutos e ele chega. Veremos.

Madame Vargas
Barão, salve-me! Salve-me!

BELFORT
Eu é que o vou esperar sem você. Saia!

CARLOS
Não acredite que me aterroriza.

BELFORT
Cale-se! Conheço-o bem. Ou você sai imediatamente, sem encontrar o Dr. José Ferreira, ou está amanhã na prisão. Disse-lhe que pensasse. Quer brincar comigo. Engana-se. Tenho-o no bolso, e se fizer contra Hortênsia mais um gesto está em mau lugar.

MADAME VARGAS
(*horrorizada*)
Belfort!

BELFORT
Nada como os grandes remédios.

CARLOS
Caluniador!

BELFORT
Porque tenho a sua carta pedindo-me perdão, tenho a letra em que tão mal fingiu a minha e a firma de seu pai, e o denuncio com todas as provas como falsificador da minha firma. Disse-lho já e sabe que o faço. Faço-o à primei-

ra tentativa sua. A sua cena é bonita enquanto serve para cantar nos *clubs*. É moda e dá amantes até, mas muda quando tem por fim um cubículo da detenção, mesmo arejado. Saia!

CARLOS
É indecente o que faz.

BELFORT
Não insista. O ar de fora far-lhe-á bem. E note: mesmo o respeito que tenho por seu pai, não impedirá que o declare publicamente e o faça prender se disser uma palavra a respeito deste caso. Mando-o prender irrevogavelmente.

CARLOS
Há amizades suspeitas.

BELFORT
E gente como você que não deixa dúvidas. Mas saia. A situação é ridícula. Cheguei no momento em que ia cometer a sua maior torpeza. Dessas torpezas que estragam vidas mas não levam à cadeia. Deixo-lhe o último insulto. Desabafe e fuja da cadeia que pela sua demora ameaça começar aqui. Mais um segundo e está preso.

CARLOS
É capaz?

BELFORT
Experimente!

CARLOS
(*pega no chapéu, excitação, fúria*)
Velho pulha! (*sai*)

MADAME VARGAS
(*correndo ao barão*)
Ele vai encontrá-lo, ele dirá tudo! Estou perdida!

BELFORT
Em homens como o Carlos tenho a máxima confiança. Só há contra esses apaches da nossa nova sociedade uma coisa respeitável: a cadeia. Ele sabe que eu o liquido. Já não pensa mais em vinganças. Vai daqui para um *club* a passar o resto da noite com *champagne* pago pelos outros.

MADAME VARGAS
Mas mandou ao José o único bilhete que lhe tinha escrito. José vem aí.

BELFORT
Esperaremos juntos o José. O pobre rapaz ficará enternecido com a lembrança. Aí está um bilhete que o mau serviço dos correios levou três meses a entregar ao seu verdadeiro destinatário.

MADAME VARGAS
Meu amigo! foi Deus que o mandou para salvar a minha vida.

BELFORT
Deus, neste caso foi apenas, ter olhado, ao voltar da casa de José, o seu terraço e ver alguém que a ele subia. Era o Carlos, esperei-o. Como não saísse subi. Talvez fosse mesmo Deus, porque o devo ao luar, parece dia... Apesar da literatura, a lua não está literalmente pervertida. (*caminha para a janela*)

MADAME VARGAS
(*num ímpeto, beija-lhe a mão*)
Meu amigo! Meu amigo! E perdoou, perdoou mesmo a minha falta, a minha loucura?

BELFORT
Mas que é isto, Hortênsia? Ria, esteja alegre. Todos nós precisamos de perdão. E o mundo seria a maior sensaboria se as mulheres passassem por ele pensando em tudo quanto fazem...

(*E o pano cerra-se, enquanto a pobre e bela Mme. Vargas ri e chora, desfeita de emoções nos braços do seu velho amigo.*)

FIM

Cromosete
Gráfica e editora ltda.

Impressão e acabamento.
Rua Uhland, 307 - Vila Ema
03283-000 - São Paulo - SP
Tel./Fax: (011) 6104-1176
Email: cromosete@uol.com.br